■ 信息化与经济社会发展研究文库
■ 杭州电子科技大学浙江省信息化与经济社会发展研究中心成果

智慧城市建设：
主导模式、支撑产业和推进政策

陈畴镛　周　青　编著

ZHIHUI CHENGSHIJIANSHE
ZHUDAOMOSHI ZHICHENGCHANYE
HETUIJINZHENGCE

1010101010　10 10 101010101

ZHEJIANG UNIVERSITY PRESS
浙江大学出版社

序

　　智慧城市是当前全球范围内出现的关于未来城市发展的新理念和新实践，是以物联网、云计算和大数据为代表的新一代信息技术革命与城市发展需求相结合的必然产物，也是贯彻落实党的十八大提出的工业化、信息化、城镇化、农业现代化同步发展战略的有效载体。当前，我国各地智慧城市建设方兴未艾，但总体来说尚处于起步阶段，建设和发展模式、相关支撑产业、政府作用及促进政策都需要不断探索、实践、总结和完善。陈畴镛和周青两位教授的新作《智慧城市建设：主导模式、支撑产业和推进政策》，从国内外智慧城市建设主要模式、支撑产业体系，政府扶持政策三个视角研究了务实推进智慧城市建设的相关问题，是一本可供各地政府和学术界参考与研讨的著作，希望能引起大家的关注与借鉴。

　　智慧城市建设，无论是起步较早的发达国家（地区）还是兴起不久的我国，都会面临诸如公众应用需求开发、局部信息的共享和协同、建设资金的连续保障、项目运行的风险等一系列问题。本书探讨了发达国家（地区）智慧城市建设中遇到问题的具体表现和主要影响，分析了解决这些问题的典型案例和可资借鉴的启示。更重要的是，本书作者通过对浙江省智慧城市建设试点示范项目系统调研得到经验和启示的基础上，重点梳理了浙江省智慧城市示范试点项目在推进过程中的体制机制障碍和政策需求，提出了推进项目建设政策制定的创新思路，并从合力推进智慧城市基础设施建设、促进智慧城市信息资源开发利用、培育发展智慧产业、以示范试点带动提升智慧城市应用与推广水平、创新智慧城市建设运维商业模式、加大投融资及税费改革、构建智慧城市支撑保障体系、塑造良好发展环境等方面，提出了加快推进浙江省智慧城市示范试点项目建设的政策建议。这些思路与政策建议，不仅对推进和改善浙江省智慧城市建设有直接作用，也为我国其它地区智慧城市建设提供了决策参考。

　　当前，正值党的十八届三中全会召开，吹响了全面深化改革的集结号，也为推进智慧城市建设中的体制机制改革提供了良好的机遇。在智慧城市基础设施建设投资模式、应用与产业对接途径、市场化公司化运营机制等问题上，需要实行以政企分开、政资分开、特许经营、政府监管为主要内容的改革；根据不同行业特点实行网运分开、放开竞争性业务，推进公共资源配置市场化，进一步破除各种形式的行政垄断。希望本书针对智慧城市建设提出的深化体制机制改革举措和完善相关引导政策的建议，在深入贯彻十八届三中全会精神中，能够发挥更加积极的作用。

本书文献资料翔实、研究工作扎实，体现了两位作者务实创新的风格。相信本书的出版，无论对于智慧城市建设研究理论的丰富，还是为智慧城市建设的实践提供参考，都将起到积极的推进作用。

是为序！

中国工程院院士
中国社会科学院学部委员　李京文
2013.12.16

前　言

随着物联网、云计算、下一代移动通信、大数据等新一代信息技术迅速发展和深入应用,城市的经营、组织以及交通、水、能源和通信等核心基础设施系统正在被重新定位。智慧城市建设成为了城市发展和进步的主要标志和重要途径,是对传统城市经营模式的全新变革和颠覆性革命。智慧城市建设强调以互联网、物联网、电信网、广电网、无线宽带网等网络组合为基础,以智慧技术高度集成、智慧产业高端发展、智慧服务高效便民为主要特征,突出了应用信息化手段促进城市发展中的互联、协同、创新和持续。互联要求智慧城市建设的各项子系统和整体系统之间的互联互通,协同是更加注重吸引利益相关者的参与,创新要求智慧城市建设、运营和商业化模式的创新,持续体现智慧城市建设的绿色化、低碳化、治理的可持续化。智慧城市建设是一个系统工程,城市需要智慧,不仅在于需要良好的信息化基础设施,更在于打造合理的产业支撑体系和消费应用领域。当然,在推进智慧城市建设的过程中,政府政策的引导和鼓励必不可少。为此,本书在分析当前国内外智慧城市建设现状的基础上,从智慧城市建设的过程视角来分析推进智慧城市建设的三个关键环节:智慧城市建设的主要问题与基本模式、支撑智慧城市建设的现代产业体系和推进智慧城市建设的政府政策。

智慧城市建设的主要问题与基本模式。当前发达国家(地区)智慧城市建设取得了良好的成效,但也面临着不少问题,主要集中在公众应用需求开发问题、信息共享和协同问题、建设资金的连续保障问题、项目运行的技术风险问题等方面,本书探索了这些问题的具体表现和影响、并分析了应对这些问题的典型案例和基本启示。在此基础上,本书进一步分析了当前国内外智慧城市建设和运行的模式。国内外智慧城市建设模式多种多样,国内智慧城市建设主要的模式有浙江省的"3＋X"指导与服务模式、以信息化推动智慧城市建设的北京模式、以物联网技术研发推动智慧城市建设的无锡模式、以区域试点推广推动智慧城市建设的武汉模式。在智慧城市建设和运行的过程中,应该明确建设范围、围绕公民需求展开建设、实现政府与公众的协作、分步推进扎实建设,并加快推进成果应用。

支撑智慧城市建设的现代产业。主要从浙江省和杭州市两个层面重点分析了面向智慧城市建设的战略性新兴产业发展。加快智慧浙江建设的战略性新兴产业布局重点领域应该包括两大类:一类是具有基础性作用的战略性新兴产业,主要有物联网产业与云计算产业,这两类产业本身具有巨大的发展空间,同时对其他战略性新兴产业提供发展支撑平台;第二类是借助物联网与云计算平台,在现有产业基础上取得突破性发展的战略性新兴产业,主要有电子商务、智慧海洋、智能安防、智能交通、智能环保、智能电网、智慧医疗、智慧新能源、精准农业与食品安全。智慧城市建设离不开物联网等技术的支持,本书进一步分析了物联网大规模应用背景下的新兴产业。基于杭州市物联网产业发展现状与应用基础,重点讨论了物联网技术对物流、旅游、农产品生产智能监控、养老护理等杭州产业转型升级的重要影响与应用领域,以及提出了重点发展智能电网、智能安防、智能交通、智能环保检测等杭州战略性新兴产业领域。

推进智慧城市建设的政府政策。基于对浙江省智慧城市试点项目建设的政策障碍现状分析,可以发现当前智慧城市试点项目建设主要存在推进试点项目建设的协同与共享政策体系不健全、推进试点项目建设的要素保障政策不完善、推进试点项目建设的商业模式运行的政策不清晰等方面的政策障碍。在智慧城市项目建设过程中,智慧城市建设主体对完善项目建设的标准规范、创新运营资金政策、推进项目市场化运营政策、完善组织领导和保障政策、创新资源共享的政策措施、规范项目评价和考核等方面的政策具有较高的需求。因此,需要从合力推进智慧城市基础设施建设、促进智慧城市信息资源开发利用、培育发展智慧产业、以示范试点带动提升智慧城市应用与推广水平、创新智慧城市建设运维商业模式、加大投融资及税费改革、构建智慧城市支撑保障体系、塑造良好发展环境等方面制定科学合理的智慧城市建设推进政策。

本书的主要内容是我们承担浙江省重大科技专项重点社会发展项目《智慧城市建设试点的政策集成与保障研究》、浙江省人民政府研究室委托项目《加快智慧浙江建设，促进战略性新兴产业发展的对策研究》、杭州市人民政府研究室委托项目《物联网对杭州现代产业体系的影响与发展对策研究》、杭州市发展改革委招标项目《杭州市创建智慧城市若干问题研究》等的研究成果。本书主要成果的研究过程得到了许多专家和领导的指导和帮助，他们分别是浙江省经济和信息化委员会吴君青副主任，浙江省人民政府研究室陈东凌副主任、翁寿康处长、范炜副处长，杭州市人民政府研究室涂冬山副主任，杭州市发展和改革委员会周建华副书记，浙江大学刘渊教授，浙江工商大学琚春华教授等。本书的结集出版也是许多研究者共同努力所取得的成果，他们是杭州电子科技大学王雷副教授、李彤教授、武健博士、禹献云博士、郑登攀博士、马香媛副教授、杨伟副教授、方刚副教授，等。我们在此向他们表示衷心的感谢。

　　衷心感谢中国工程院院士、中国社会科学院学部委员李京文教授为本书欣然作序。李京文院士是我国城市经济学研究的先驱，主持和参与了多个城市群的发展战略规划，从建设节约型城市到建设数字城市，再到建设生态经济城市，李京文院士均展示出了自己独到的见解和超前的智慧。当前李京文院士更是以 80 岁高龄积极参与智慧城市建设的研讨，为智慧城市建设出谋划策。李院士的欣然作序，给予了我们莫大的鼓舞和支持，激励着我们在智慧城市研究领域继续前行。

　　本书在编写过程中借鉴和采用了许多文献资料，分别来源于相关学术论文、研究报告、政策文件、新闻报道和百度词条等，我们对引用资料的作者、编者和译者等表示诚挚的感谢。我们也要感谢浙江大学出版社傅百荣编辑在本书出版过程中的支持和帮助。

　　本书的出版获得浙江省信息化与经济社会发展研究中心的资助，在此表示感谢！

陈畴镛　周　青
2013.12.18

目 录

第一章
国内外智慧城市建设的现状与成效

  智慧城市建设主要在于利用最新技术提高资源利用效率,实现节能化,因此受到各国政府的欢迎。发达国家(地区)在产业转型和社会发展当中,充分认识到了"智慧城市"的前瞻性、超前性,相继提出并实施"智慧城市"建设的战略举措。目前全球大概有 200 多个智慧城市项目正在实施中。中国智慧城市建设是伴随着物联网技术在中国的兴起而逐步走向繁荣和发展的。自 2009 年开始,无锡开始建设中国的传感信息中心或"感知中国"中心,在此基础上,智慧城市建设开始为国内许多城市所接受和推进。上海、北京、广州、深圳、无锡、宁波等城市在"十二五"规划中明确提出建设智慧城市的战略方向。国家发展和改革委员会、工业与信息化部、住房和城乡建设部、科学技术部等部委更是为我国智慧城市项目建设出台了许多政策措施,分别从城市、项目、技术等角度对智慧城市进行了立项推进,到目前为止,国内重要城市均有推进智慧城市或者试点项目建设。本章主要归纳和总结当前国内外重点城市智慧城市建设现状,并重点分析在推进智慧城市建设过程中浙江省智慧城市试点项目建设所取得的成效。

(一)国外主要智慧城市建设情况

1. 美国是智慧城市建设的发起者与先导区

  在 IBM 提出"智慧地球"的概念后,美国奥巴马政府积极予以响应,将"智慧地球"作为保持和重夺国家竞争优势的根本所在,上升到国家政策层面。2009 年9 月,美国中西部爱荷华州的迪比克市与 IBM 共同宣布,将建设美国第一个"智慧城市"——一个由高科技充分武装的 60000 人社区。通过数字化和使用传感器、软件、互联网,将城市的所有资源连接起来(水、电、油、气、交通、公共服务等),以此监测、分析和整合各种数据,并智能化地作出响应,服务于市民的需求,及时调整他们使用水、电和交通的方式。2010 年 3 月,美国联邦通信委员会(FCC)正式对外公布了未来 10 年美国的高速宽带发展计划,将目前的宽带网速度提高 25倍,到 2020 年以前,让 1 亿户美国家庭互联网传输的平均速度从当时的每秒 4 兆提高到每秒 100 兆。

2. 日本举全国之力开展智慧城市建设[①]

2009 年 7 月，日本政府 IT 战略本部推出至 2015 年的中长期信息技术发展战略"i-Japan 战略 2015"。"i-Japan 战略 2015"是日本继"e-Japan"、"u-Japan"之后提出的更新版本的国家信息化战略，其要点是大力发展电子政府和电子地方自治体，推动医疗、健康和教育的电子化。该战略旨在到 2015 年实现以人为本，"安心且充满活力的数字化社会"，让数字信息技术如同空气和水一般融入每一个角落，并由此改革整个经济社会，催生出新的活力，实现积极自主的创新。"i-Japan"战略由三个关键部分组成，包括设置"电子政务"、"医疗保健"和"教育人才"三大核心领域，激活产业和地域的活性并培育新产业，以及整顿数字化基础设施。

3. 韩国通过完善智慧基础设施强化产业优势[②]

韩国信息通信部于 2004 年提出了"U-Korea"计划，2006 年 3 月确定总体政策规划，U-Korea 发展期为 2006—2010 年，成熟期为 2011—2015 年。"U-Korea"计划旨在建立无所不在的社会（Ubiquitous Society），即通过建设智能网络（如 IPv6、BcN、USN）、推广最新的信息技术应用（如 DMB、Telematics、RFID）等信息基础环境建设，让韩国民众可以随时随地享有科技智能服务。其最终目标在于既运用 IT 科技为民众创造食、衣、住、行、体育、娱乐等各方面无所不在的便利生活服务，更是通过扶植韩国 IT 产业发展新兴应用技术，强化产业优势与国家竞争力。

4. 新加坡通过智慧城市建设推进民众生活智慧化[③]

2006 年，新加坡推出了为期十年的资讯通信产业发展蓝图——"智慧国2015"或称"iN2015"计划，通过包括物联网在内的信息技术，意在达成新加坡成为一个由资讯通信所驱动的智慧国家与全球都市的未来愿景。新加坡"智慧国2015"计划要求通过智慧化过程，在一些公共服务领域要实现从供给方主导向供给方与需求方双向互动的转变，实现从非连续、碎片化的服务向连续性、一体化的服务转变。目前，新加坡的电子政府公共服务架构已经可以提供超过 800 项政府服务，真正建成了高度整合的全天候电子政府服务窗口；其网络建设现有 130 万

---

① 资料来源：ⅰ）陈柳钦. 智慧城市：全球城市发展新热点[J]. 全球科技经济瞭望. 2011，26（4）：49 -59；ⅱ）智慧日本："I-Japan 战略". 中国智慧城市网，2012.7.14：http://www.cnscn.com.cn/news/show-htm-itemid-1041.html

② 资料来源：ⅰ）陈柳钦. 智慧城市：全球城市发展新热点[J]. 青岛科技大学学报（社会科学版）. 2011，27（1）：8 -16；ⅱ）韩国 U-Korea 战略及 U-City. 中国智慧城市网，2012.7.14：http://www.cnscn.com.cn/news/show-htm-itemid-1042. html

③ 资料来源：ⅰ）陈柳钦. 智慧城市：全球城市发展新热点[J]. 全球科技经济瞭望. 2011，26（4）：49 -59；ⅱ）辉煌历程三十载 新加坡电子政府迎来新旅程. 比特网，2011.6.8：http://info.chinabyte.com/414/12096414.shtml

用户,其中 35％的用户每周平均用网超过 3.6 小时;作为有线宽带的补充,"无线
@新加坡"项目通过 7500 多个热点提供速度高达 1Mbps 的无线 Wi-Fi 上网服
务,相当于每平方千米就有 10 个公共热点。

5. 瑞典通过智慧城市建设项目便利人民生活①

瑞典的智慧城市建设在交通系统上得到了最大的体现。智慧改变交通,IBM
和斯德哥尔摩的合作已经有了很好的示范。IBM 为瑞典公路管理局设计、构建
并且运行了一套先进的智能收费系统,包含摄像头、传感器和中央服务器,确定交
通工具并根据车辆出行的时间和地点收费,这一举措将交通量降低 20％,排放量
减少 12％。同时,斯德哥尔摩在通往市中心的道路上设置了 18 个路边控制站,
通过使用 RFID 技术以及利用激光、照相机和先进的自由车流路边系统,自动识
别进入市中心的车辆,自动收税。通过收取"道路堵塞税"减少了车流,交通拥堵
降低了 25％,交通排队所需的时间下降 50％,道路交通废气排放量减少了 8％～
14％,二氧化碳等温室气体排放量下降了 40％。

6. 英国创新智慧城市建设市场化运行机制②

政府掌握的海量数据是建设智慧城市的主要材料。如何运营好政府数据,既
能保证公益性和安全性,又能够兼顾效益,实现可持续发展。英国一家名为"公司
之家"市场化运营企业注册信息的机构提供了启示。"公司之家"是英国商业创新
与技术部营运性质的执行机构,半独立于中央政府,既隶属于政府职能部门,又在
完成政府设立的绩效目标上有较大的自主权。"公司之家"不能得到政府的财政
拨款,但有向顾客收取费用的自主权,并根据市场需求调整所提供的服务。"公司
之家"最初的运营资金来自英国商业创新与技术部提供的贷款,同时提供有偿和
无偿信息查询,还与一些企业客户合作,通过挖掘企业登记信息的更多价值,为企
业提供内容分析服务。目前,在欧盟信息共享协议的支持下,"公司之家"与欧盟
进行合作,开发运行欧盟企业注册系统,目前已有 27 个欧盟国家参与。在这个系
统里,每个国家都将提供一个可以直通其企业注册数据库的链接,用户可以方便
地查询这些国家企业的注册信息。

(二)国内主要智慧城市建设情况

在中国城市化发展进程中,智慧城市有特别重要的意义。一方面,智慧城市
的实施将能够直接帮助城市管理者在交通、能源、环保、公共安全、公共服务等领
域取得进步;另一方面,智慧基础设施的建设将为物联网、新材料、新能源等新兴

---

① 资料来源:秦洪花,李韩清,赵霞."智慧城市"的国内外发展现状. 信息化建设,2010,(9):50－53
② 刘薇.超级纽带"公司之家":企业注册信息查询的国际经验[N].南方周末,2012－12－23

产业提供广阔的市场，并鼓励创新，为知识型人才提供大量的就业岗位和发展机遇。此外，智慧城市还可以为地方政府管理城市、引导城市发展提供先进的手段，并客观上成为衡量城市科学发展水平的一把尺子。目前，北京、上海、宁波、深圳、无锡、武汉、南京、佛山、昆明、成都等城市已纷纷启动"智慧城市"战略，意在抢占先发优势。

1. 北京具有智慧城市建设的技术和资源优势

北京市提出要瞄准建设国际城市的高端形态，从建设世界城市的高度，加快实施北京城市的发展战略，以更高标准推动首都经济社会又好又快发展。2009年，北京市颁布了《北京信息化基础设施提升计划（2009—2012年）》。根据计划，到2012年年底，互联网家庭入户带宽超过20兆，企业入户带宽最高达到10千兆，届时北京市将建设成为一个信息枢纽和瓦联网中心。在移动互联网基础上建立物联网平台。预计到2012年，北京将建成首个物联网应用资源共享服务平台、物联信息交换平台、传感信息网络平台、超级计算中心等共性基础支撑平台。2009年12月，北京政府携手中国科学院等单位，正式签订"感知北京"合作协议，启动"感知北京"的示范工程建设。在北京，同方股份、中国移动、大唐移动、中科院软件所、清华大学、北京大学、北京邮电大学等物联网产业链上的40余家企业和研发机构，共同组建了中关村物联网产业联盟。特别是2010年1月通过鉴定的北京市计算中心，可提供虚拟化服务和高性能计算服务，能够提供 SaaS、IaaS、部分提供 PaaS 多种服务模式。平台已成功应用于国庆60周年天安门阅兵 LED 显示系统模拟、北京长城华冠汽车公司的汽车碰撞仿真、北京同仁医院的鼻腔病变研究、北京生命科学研究所的生物计算研究等项目。

2. 上海智慧城市建设的信息化基础雄厚

20世纪90年代初，上海提出了建设"信息港"的战略目标，多年的发展使上海的城市信息化水平始终处于国内领先的地位，相对而言，上海的市民已经享受到城市信息化所带来的较高的生活质量。自2009年开始，上海电信开始助力上海打造泛在网络基础，如率先建设"城市光网"等。目前，上海市的基础网络建设已全面提速：上海至全球的互联网带宽提升到140G，成为国内首个 T 级别的城市；"城市光网"光纤到户用户接入带宽能力最高已达10M，2009年覆盖75万户，IPTV 用户突破100万；并初步实现3G＋WiFi 无线宽带通信网络覆盖。2010年4月，上海市人民政府公布的《上海推进物联网产业发展行动方案（2010—2012年）》，在技术研发和产业化等各方面推进物联网发展，已率先建成公共物联网统一接入管理平台。"十二五"期间，上海"智慧城市"建设的40字指导思想是"加大投入、强化基础"、"融合发展、提升效率"、"创新引领、自主发展"、"完善制度、保障安全"以及"城乡一体、普遍受益"。4个主要的关注点为信息基础设施能级提升、信息技术的广泛应用、信息技术创新和产业化、信息化的发展环境。

3. 深圳是国内智慧城市建设的主要实验区

由国务院发布的《珠江三角洲地区改革发展规划纲要（2008—2020年）》，为深圳市定下了"一区四市"的发展未来，即建设国家综合配套改革试验区、全国经济中心城市、国家自主创新城市、国际化城市、有中国特色社会主义示范市。2010年深圳特区建立30周年时，提出了建设"智慧深圳"的理念。"智慧深圳"主要是充分利用信息技术，分析整合城市运行的关键信息，对各方需求作出智能响应，形成新的生活、产业发展、社会管理模式，构建面向未来全新的城市形态。"智慧深圳"也在积极探索与众不同的建设道路。与上海、北京等城市不同，深圳智能交通建设存在资源过度分散、信息资源不共享等问题。为此，深圳交通部门在探索中推出U交通战略，逐步实现无处不在的智能交通服务、无处不在的智能交通保障、无处不在的交通信息体验。同时，建设低碳生态城市是智慧深圳建设的核心组成，也是深圳新的发展目标、新的历史责任。智慧深圳在规划建设、低碳产业、公共交通、绿色建筑、资源利用等方面在不断探索，改革创新，努力建设资源节约型、环境友好型的新型城市，先行先试，力争为全省、全国做出表率。低能耗、低污染、低排放，深圳未来发展，将走一条绿色大道，与环境和谐共处。

4. 无锡是智慧技术推动智慧产业发展的成功典范

无锡是智慧技术研发和推广的先导区，云计算、物联网、传感网等新一代信息技术在无锡得到了大力的研发和广泛的推广。以物联网技术为例，物联网是建设智慧城市的DNA，互联网缩短了人与人之间的距离，而物联网的时代更将逐渐消除人与物之间的隔阂。当下，无锡在智能交通、健康工程、平安城市、环境保护等方方面面加快推进TD与传感网融合。物联网在无锡的广泛深入运用正是无锡打造"智慧城市发展"的具体实践。在"智慧无锡"的建设过程中，无锡在不断关注世界智慧城市发展的新动态、新趋势，充分利用建设好国家传感网创新示范区等国家级示范区的难得机遇，巩固、提升和扩大无锡在物联网技术研发应用方面的先发优势，抢先进入全国和世界"感知城市"发展的第一方阵。通过智慧技术的研发和推广应用，无锡在智慧城市建设上走在了全国的前列。

5. 武汉创新智慧城市试点建设的基本模式

2011年，武汉市开始致力于建设智慧城市，围绕"世界一流的智慧城市发展总体规划"的工作要求，开展武汉智慧城市建设工作。在智慧城市试点建设过程中，武汉创新了智慧城市试点建设的基本模式。武汉以66.8平方千米的未来科技新城为试点，构建基于"中国云"的智慧城市基础设施及智能处理基础平台，建设智能交通、城市基础设施、公共应急决策以及能源与资源管理4个智能示范应用工程，并力争突破智能感知、时空协同、泛在互联、数据活化、安全可信和服务发布等6个关键技术。从2010—2020年，"智慧城市"将从未来科技城，推广到东湖开发区、武汉城区，通过层次性、阶段性的智慧城市试点建设过程，武汉将打造成为中部"智慧之都"。

6. 南京全面推广智慧城市建设试点项目

南京市2010年3月宣布以"智慧的城市"驱动南京的科技创新，促进产业转型升级，加快发展创新型经济。南京市将积极协调整合全球资源，并将在基础设施、产业建设、政府建设、人文建设等重点领域展开战略合作，运用云计算、物联网等新技术，积极推进政务数据中心、市民卡、车辆智能卡、无线宽带行业专网等项目推动智慧城市建设。当前南京推出了智慧政务、智慧交通、智慧便民、智慧生活、智慧娱乐、智慧旅游等众多智慧城市建设项目，涵盖政务、旅游、民生、产业等领域，为用户提供了简单、便捷的一站式服务。例如，南京城市智能交通系统、智慧南京城市智能交通系统目标是建设一个综合交通数据交换平台，打造智能化的交通调度系统、交通优导服务系统、交通管理决策系统、不停车收费系统等，整体提升南京城市交通智能化水平。

7. 宁波智慧城市示范试点项目建设取得良好成效

2010年9月，宁波市人民政府发布《宁波市智慧城市发展总体规划》，描绘了未来宁波建设智慧城市的蓝图。智慧城市建设分两个阶段：第一阶段是到2015年建成一批成熟的以智慧物流、智慧制造、智慧贸易、智慧能源、智慧公共服务、智慧社会管理、智慧交通、智慧健康保障、智慧安居服务、智慧文化服务等为重点的智慧城市应用体系。第二阶段是到2020年，将宁波建设成为智慧应用水平领先、智慧产业集群发展、智慧基础设施比较完善、具有国际港口城市特色的智慧城市。2011年开始，宁波市先期重点建设智慧物流应用系统和智慧健康保障应用系统两大应用系统，并开展宁波国家高新区软件研发推广产业基地和杭州湾新区智慧装备和产品研发与制造基地两大智慧产业基地的建设。当前，宁波市智慧健康保障体系通过信息化手段，把宁波市各类医疗机构和妇保、疾控等公共卫生机构的诊疗与健康信息结合起来，形成覆盖全体居民、全生命周期、所有健康问题的信息网络，提供新型的医疗卫生服务。宁波市各项智慧物流试点工作已经开始显露出智慧化的成效，其中第四方物流市场和电子口岸系统成效显著。第四方物流市场从物流企业的实际需求出发，在信息集聚的基础上实现了物流资源的优化配置，能为市场内各物流主体提供信息发布、交易促和、支付结算、物流管理、货物跟踪、物流解决方案等综合性一体化的物流服务。这个物流电子商务平台的开发运营，有效缓解了宁波市物流运作过程中信息不对称、信用缺失等瓶颈问题，为企业创新物流服务模式提供了有力的支撑。

（三）浙江省智慧城市试点项目建设成效

自 2012 年 5 月以来，浙江省先后启动了三批 20 个智慧城市建设示范试点的建设。当前，浙江省各地、各部门对推进智慧城市建设的认识得到进一步加强，信息基础设施和公共服务平台不断完善，信息技术创新能力和产业能级不断提升，信息技术在城市管理、公共服务、经济发展、市民生活等领域的广泛运用，智慧城市服务民生水平得到明显提升。在智慧城市基础设施建设方面，重点推进了光网城市、无线城市、"三网融合"试点及信息安全等工程。信息资源整合方面，各市（县）以政务云计算中心为统一平台，重点推进了人口、自然资源、信用信息等基础行数据库的建设，强调信息共享。重点领域智慧应用方面，在顺利推进智慧城管、智慧安监、智慧物流和智慧健康等的基础上，云基础平台已初步形成。本节选取浙江省首批 13 个智慧城市试点项目进行分析，总结和归纳经过 1 年多时间的建设，各示范试点项目所取得的建设成效。

1. 杭州智慧安监试点项目

杭州的智慧安监已在三个方面取得实质性进展。第一个应用是电梯物联网的安监系统，主要解决电梯基本状态的实时监测，电梯现场数据直接对接当地技术监督局、电梯维护厂商，一旦电梯出现异常问题，技术监督局和维保单位会及时获得信息，并马上来处理。第二个应用是散装水泥搅拌车，五十二所建立了一套工程车的安全物联网系统，有效预防了超速和超载问题。杭州市建委下设有专门的工程车监管办公室，通过物联网安监系统可以及时获知工程车是否存在超速超载的问题。第三个应用是针对建筑工地安全生产问题，建筑工地的安全隐患主要存在塔吊不合规、违规操作以及所造成的噪音、粉尘等环境污染问题。杭州市有7000 多个工地，以往建委监管都是靠人，一个人看一个工地，根本管不过来，用了这套系统后用不了几个人，大大降低了事故率，提升了政府管理的效率。

2. 杭州智慧城管试点项目

杭州智慧城管项目在"数字城管"的基础上，打造了智慧城管平台——数字城管智能化平台，利用信息融合、网络通讯等现代信息技术，提升城市管理的智能化水平。围绕"五型城管"建设，努力实现标准创新、技术创新、管理模式创新、服务模式创新。"服务城管"通过智能化的手段，为城市政府、普通市民、行业主管部门等提供长效服务和应急保障等服务，打造服务型城市管理。"开放城管"通过开放型的系统架构，实现跨系统的信息互通共享，通过开放型的市民互动平台，使市民可以通过信息交互界面，反映问题，查询信息，提高市民城市管理的参与度与互动性，随时掌握社会舆情，引入更多市民的参与和监督。"效能城管"利用"城管通"

执法终端的视频采集系统进一步拓展问题发现渠道；利用城市街面"智能管控"平台建立覆盖市、区两级的图文互动的城市街面秩序"智能管控"平台，提高城市日常街面秩序的管控能力以及重大事件处置反应能力。"智能城管"将建设城市管理智能分析决策系统，对城市管理难、热点问题、城市管理指标以及各类城市管理专题的智能分析、预警和决策，实现对城市管理资源的合理调配和利用。"和谐城管"通过建设公共服务平台，将城市管理行政审批、人行道违停、公厕等各类城市设施地理分布情况以及停车诱导等各类信息进行整合并向市民开放。

3. 宁波智慧物流试点项目

宁波智慧物流推进了一批智慧物流公共平台项目和智慧物流示范应用项目建设，包括 IBM 智慧物流公共云服务平台、第四方物流智慧物流综合平台和奥林"大掌柜国际物流云平台"等。同时，宁波通过成立由 IBM 牵头的智慧物流产业发展联盟推进智慧物流的广泛应用，宁波中通物流等 11 家物流产业链企业加入了智慧物流产业发展联盟。联盟将从四个方面推进智慧物流建设：共同制订供应链和物流领域的物联网、云计算及数据交换路由的技术标准；共同建设面向供应链及物流领域的大交换数据平台，为供应链及物流生态系统提供各类软件、应用服务、平台的互联互通与集成；共同深化面向供应链和物流领域的智能分析优化等应用服务；促进各类金融服务机构，推出面向供应链和物流领域的创新金融产品。

4. 宁波智慧健康试点项目

宁波市已经编织了全城共享的智慧医疗健康网。现在宁波市正着力构建横向从大医院、社区医院到疾控、妇保、急救等公共卫生单位，纵向从市下沉到各县(市)区立体的智慧医疗健康网络，集合市民从出生到死亡的所有保健、诊断、用药和检查检验数据，通过电子健康档案的方式实时管理共享。今后，远程医疗会诊将借助这张网络成为现实，让大专家"一竿子插到"基层；通过智能手机等互联网方式，居民可随时开展健康查询和自我保健管理。宁波市智慧健康项目着重构建"1226"环节。"1"是一张社保卡，通过这张卡实现充分的感知；第一个"2"是撒两张网，第一张是卫生专网，第二张网是国家 3521 里面规定的区域卫生平台。第二个"2"是建设两个中心，一个是数据中心(设在高新区)，还有一个是资源中心。"6"是做六朵云，包括公众健康服务、区域医疗、数字化医院、公共卫生和卫生行政管理。

5. 嘉兴智慧电网试点项目

根据《嘉兴市智慧城市发展规划》(2011—2015 年)的要求，"智慧电网"将作为智慧城市的最核心驱动力，通过主网建设、配网建设与改造、智能业务拓展、电力光纤到户设计、智能小区楼宇建设、"智慧电网"样板展示等，为提高能源利用效率,实现节能减排,建设一体化公共服务平台,推进"三网融合"提供全方位的保障。在"十二五"期间,嘉兴电网将按照嘉兴发展目标和经济社会转型升级要求,以加快建成特高压骨干网架、500千伏主干网架,各级电网协调发展,具有信息化、自动化、互动化特征的坚强智能电网为目标,总投资约130亿元,全面实施嘉兴电网"十二五"发展规划。截至目前,嘉兴市已受理的光伏电站项目总计8个,已并网运行光伏电站2个。智慧交通方面,"禾行通"——出租车智慧电召系统工程也于近期推出测试版,以信息化手段方便群众"打的",解决"打的难"的问题。

6. 绍兴智慧安居试点项目

诸暨市与中国航天科工集团合作启动了市级社会管理服务信息中心和智慧管理体系、智慧服务体系、智慧应急体系、智慧防控体系等"一中心四体系"建设,并确定在城区、店口和枫桥开展"智慧安居"建设试点。试点工作将坚持实际实用实效、集中集约集成、应急服务便民的原则,准确定位,整合资源,共建共享共建共享,建立起现代化、科技化、一体化的管理服务体系,努力实现群众不出家门享信息、不出村子办民事、市镇村联动强服务。其中,枫桥"智慧安居"建设以信息化应用为主要载体,包括信息指挥服务中心、智慧防控体系、智慧服务体系、智慧应急体系等16项内容,其中防控体系将全面覆盖村居家庭、学校企业。智慧服务将延伸到镇村,建设便民服务平台、流动警务站,开展居家养老服务等,全面构建完善信息化、立体化、动态化的治安防控大体系和智能化服务系统。

7. 智慧高速试点项目

智慧高速项目服务公司正式组建成立后,已实现2367千米路段信息共享,占全省高速公路通车总里程的65%,标准化工作同步推进。智慧高速项目将在2013年内完成杭州绕城、沪杭甬、杭千、申嘉湖杭等重点路段示范建设,实现重要节日期间主线堵车不超过2小时,重大事故快速处理。"智慧高速"的体制机制建设坚持政府主导与市场运作相统筹,体制机制的动力与市场主体的活力相结合,推动商业和服务模式创新,适应个性化、多样化、快节奏的服务需求,主要包括以下四大机制:公司化运作机制,实行市场化运作,就是要把专业化的内容服务做好,提高服务质量和效率;不断拓展业务范围,提升规模化效益;业务协同机制,高速交警、公路管理、高速公路业主及相关单位依托运行服务平台,形成浙江高速公路运行服务指挥中心;服务外包机制,将数据处理、系统开发、运行维护、日常咨询事务受理处理等一般技术类事务类业务服务外包给浙江智慧高速服务公司;协作共享机制,政府各相关部门支持和参与"智慧高速"建设,整合相关资源,发挥最大效应。

8. 台州智慧水务试点项目

台州智慧水务由智慧水资源管理、智慧水环境、智慧防汛防台3个项目组成。

水利、环保、农业、建设规划联合行动,借助新一代无线网络、物联网、云计算等信息技术,对该市各个水库、河道、湖泊水质水体情况、水环境质量信息实时监控预警,建立一个集污染源自动监控、污水处理过程监控、饮用水源地、地表水水质监测、生态遥感、预警应急等功能于一体的水环境综合管理服务系统。2012 年 9月,台州"智慧水务"建设启动仪式在台州市举行,初定建设期为 2012 年至 2015年,前两年为建设主要阶段,后两年为完善和推广阶段,至 2013 年年底,基本完成主要建设内容。2014—2015 年,主要建设防汛指挥中心大平台、防台风博物馆、抢险基地,探索向涉水行业和智慧城市建设推进。

9. 嘉兴智慧交通试点项目

嘉兴智慧交通建设以"一平台"(智慧交通综合信息平台)、"二中心"(便民交通综合信息服务中心、综合交通协同指挥中心)、"二服务"(公众服务、物流服务)、"四管理"(基础设施管理、运载装备运行管理、交通秩序管理、应急管理)、"四体系"(网络与核心技术支撑体系、信息标准规范体系、信息安全体系、体制机制保障体系)为总体框架,实现人(货)、车(船)、路和环境协调运行的综合交通运输服务与管理的信息服务体系。2013 年 4 月,浙江嘉兴市道路运输管理局发布道路运输信息化建设要点,提出要围绕"智慧交通"体系建设,提升"行业综合管理"与"公众信息服务"两大能力,为传统道路运输业向现代服务业转型提供更加有效的技术支撑和保障。具体要做好三方面工作:一是加快推进信息化基础设施建设和业务管理;二是加快道路运输信息化项目建设;三是抓好智慧项目的成果转化,推动智慧交通试点项目的落实。

10. 丽水智慧政务试点项目

丽水智慧政务框架基本成型,政务信息资源开发利用取得了初步成果。丽水智慧政务通过云计算的技术嫁接,使部门之间办公和对社会、企业的服务能够加快,提高工作效率。同时,以绿谷信息产业园为载体,打造全市战略新兴产业的新高地。而在信息化的具体应用方面,将以"智慧政务"为基础,进一步建设"智慧旅游"、"智慧教育"等项目,全方位打造"智慧丽水"。

11. 千岛湖智慧港航试点项目

千岛湖智慧港航围绕"湖区监管立体化,便捷服务网络化,港航决策智能化、综合指挥协同化"的总体思路开展项目建设。依托千岛湖搜救中心,建设了 GIS地理信息系统、移动视频系统、船舶排污监控系统等应用项目。2013 年,千岛湖智慧港航项目启动智慧航区第二阶段建设,计划投资五大项目,建设资金达 1267万元。项目包含航标的遥感遥测、整合船舶生活污水上岸的工作平台、船舶电子签证及船舶数据库和船员数据库的建设、船舶动态视频监控系统推广客旅船、建设千岛湖中心湖区的电子地图及虚拟航道导航图。通过第二阶段的千岛湖智慧港航建设,将对千岛湖航区的水上安全起到一个"保护伞"的作用。

12. 智慧能源监测试点项目

智慧能源监测项目已经就所涉及平台整体架构、技术路径选择以及平台运作模式等进行了研究,形成了完整的体系。智慧能源监测项目平台整体架构主要包括智慧能源体系支撑体系、智慧能源监测服务体系、智慧城市能源监测产业体系等内容。"智慧能源监测"项目建成后,将实现规模以上企业能源消费季报、年综合能源消费量 5000 吨标准煤以上企业能源消费月报和年综合能源消费量 10000 吨标准煤以上重点用能单位能源消费在线监测功能,形成统筹工业、建筑、交通、公共机构等领域的能源监测综合服务平台。

13. 电动汽车动力智慧服务试点项目

浙江省电动汽车动力智慧服务试点项目进展顺利,建立了电动汽车智能交换电服务网络经营模式,通过国家电网智能交换电服务网络为电动汽车用户提供电能补用,体现了"换电为主、插充为辅;车电分离、里程计费;集中充电、统一配送"的特点。到 2013 年 2 月,全省已经累计建设充换电站(含配送站)97 座,已投运充换电站 43 座,已基本实现充换电站在杭州地区的全覆盖,金华城区也初步建成了服务网络,全省各类型充换电站、配送站配置电机 3200 组,累计还点 24 万余车次,收入约 700 万元。

第二章

国内外智慧城市建设的主要问题与基本模式

　　智慧城市通过将人、商业、运输、通信、水和能源等城市运行中的各个核心系统加以整合,实现各种资源的效用发挥到最大化,促进企业降本增效,使政府提高公共服务能力和城市管理效率,使城市变得更加"智慧",创造城市发展新优势,实现城市持续繁荣。智慧城市的建设需要以互联网、物联网、电信网、广电网、无线宽带网等信息基础设施为发展基础,需要以智慧技术高度集成、智慧产业高端发展为重要依托,在智慧城市的建设过程中,许多关键性的要素决定了智慧城市建设和运行的成败。主要包括智慧城市建设需要全面的发展规划及政策设计、智慧城市建设需要雄厚的经济基础、智慧城市建设需要依托良好的信息基础设施、智慧城市建设需要完善的法律法规作为保障、智慧城市建设需要充足的高科技人才储备等。但是智慧城市在建设过程中也面临诸多问题,为了破除这些瓶颈或者缓解其中的问题,许多城市在不断探索创新,也取得了很好的成绩。本章在对智慧城市建设面临的主要问题与应对策略分析的基础上,进一步分析国内外智慧城市建设和运行模式,进而总结国内外智慧城市建设的经验借鉴与启示。

（一）智慧城市建设面临的主要问题与应对策略

　　经过多年的智慧城市建设,当前发达国家和地区的智慧城市建设取得了良好的成效,但综观智慧城市建设的进程,发达国家和地区在建设过程中也面临着不少问题。总的来看,这些问题主要集中在需求、信息共享、建设资金和技术风险等方面。

1. 公众应用需求开发问题与应对

（1）问题表现及影响

　　智慧城市的建设及应用需要居民、企业、城市管理人员的积极参与才能真正发挥作用。目前,几种主要的智慧城市建设模式,如以物联网产业发展为出发点、以信息基础设施建设驱动、从应用领域切入等,都主要从供给端出发来提供产品和应用,对需求端的开发不足,导致智慧城市建设与公众需求产生疏离。如果公众对智慧城市的需求无法激发和持续响应,则智慧城市就会失去其建设意义。

（2）应对问题的典型案例：台湾桃园"智能生活"计划①

桃园县自 2002 年开始就积极推动"E 化（电子化）"、"M 化（移动化）"及"U 化（泛在化）"等各项信息化建设。"U-桃园"计划体现出桃园重视生产和民众健康与生活的智慧应用，落实智慧台湾计划的智慧生活方针，打造一个集客运、货运、生产、观光、生活共构一体的"智慧之城"，并建构优质网络示范城市（U-City）。

实施"智能生活"计划，旨在桃园县内整合食、医、住、行等生活各层面的关键应用，从宽带网络、县政应用、公共安全通报、企业工商推广服务，到安全监控、未来家庭、未来商务、旅游观光、农渔配销、医疗护理等多元化的发展；使任何人在桃园县内的任何时间、任何地点，都可以通过电脑、手机、电视、PDA、游戏机以及新的通信设备，享受经济、方便、安全、贴心的优质 U 化生活服务。桃园县通过"U 化"和"I 化（智能化）"信息元素，着力把航空城建设成为一个全面整合数字基础设施与支持服务的前瞻性智能航空城。预计将以 2.4 万亿台币的公共投资，实现"168（创造招商投资金额超过 1.2 万亿台币，年产值超过 6000 亿台币、就业机会超过 8 万个）"的目标。

（3）应对问题的基本启示

在智慧城市建设中，加强与公众互动，获取公众对其广泛深入的支持、持续的需求，才能使智慧城市建设惠及全民。在智慧城市建设中，应充分关注民生问题，关注和引导公众需求，将社会福利、公共安全、教育、交通、医疗等民众需求最迫切的公共服务作为智慧城市建设的首选与重点。

2. 信息共享和协同问题与应对

（1）问题表现及影响

随着城市信息化规模的不断扩大，应用系统不断增加，导致不同软件提供商的应用程序之间无法相互操作，总体运维成本将大大增加。而当前，许多部门的信息系统多数情况下更关注于某个领域内的数据和信息，缺乏统一的标准和规范。同时，相同人或单位的信息，常常在多个部门同时存在，但各个部门得出的数据许多时候并不一致，也增加了城市管理者决策的难度和使用者的诸多不便。

（2）应对问题的典型案例：新加坡电子政府建设②

自 2006 年起，新加坡电子政府全面升级为"整合政府 2010"的五年规划，主要侧重于后端流程的改革，从而提高前端的效率和效益，其重点是超越组织结构、改变规则和程序，更注重围绕民众和产业需求对政府进行重组与整合。并为此确

① 资料来源：杨红艳."智慧城市"的建设策略：对全球优秀实践的分析与思考.电子政务，2012，（1）：81-88

② 资料来源：辉煌历程三十载 新加坡电子政府迎来新旅程.比特网，2011.6.8：http://info.chinabyte.com/414/12096414.shtml

定了增加电子服务的范围和内容、增加国民意见的参与比重、提高政府的能力，以及增强国家竞争优势等四项战略性手段。新加坡下一个电子政府总体规划"电子政府 2015"力求实现"政府为你"向"政府与你一起"的重大转变，以激发创新，鼓励共同创造，迈向"政府 2.0"。为实现"合作型政府"的愿景，新的总体规划将侧重于三大战略性领域：共同创新创造更多价值。政府将携手各方，采纳国民的智慧，利用私营机构和公共部门的知识和资源，共同开发、提供有效的服务，以增强公众的参与感。互联促进，积极参与。除提供服务方面寻求共同创造，政府积极邀请国民参与制定公众政策，将开始通过博客、YouTube、Facebook 和 Twitter 等社交类媒体与国民进行更广泛的沟通，积极地邀请国民参与到政府事务和公众政策中，促进政府整合服务转型。政府将加强各部门之间的合作，在同一架构下共享系统、服务和流程等资源，以提升公共部门的服务能力和效率。

（3）应对问题的基本启示

"智慧城市"代表着信息社会和知识经济的发展，城市中的各项活动均以信息资源为媒介，智慧城市不仅是各项业务活动的信息化，而且要按照信息社会的规则来进行业务活动的重组整合。智慧城市不但要完善网络设施、硬件设备、软件配套，更需要按照城市信息的流转路径，重新进行信息资源管理模式和应用方式的创新，破除部门利益造成的各自为政，按标准化、模块化、可重组的要求来实现信息的共享与协同。

3. 建设资金的连续保障问题与应对

（1）问题表现及影响

智慧城市建设除了必要的技术支撑外，还需要大量的资金。不仅前期投入较大，日常的运维及升级费用也很高，需要持续资金的保障。目前，政府和公用事业投资是智慧城市建设各国（地区）重要的资金来源，但这类资金的使用有较为明确的要求和限制，且总额有限，很难提供持续保障。

（2）应对问题的典型案例：首尔数字媒体城市建设①

韩国首尔市自 1995 年开始实施数码城市（DMC，Digit Media City）工程。DMC 坐落于上岩洞，面积近 57 万平方米，首尔计划在 2015 年将其建成韩国最先进的数字媒体创新集群。数字媒体城市凭借它先进的 IT 技术、丰富的人力资源和强劲的娱乐实力，将极有利于首尔 21 世纪知识型市场的定位。

数字媒体城市将成为全球第一个将国家最先进的数字技术与自然环境融合的地方。鉴于数字媒体城市建设资金的巨大投入，韩国在建设资金的投入方面也

---

① 资料来源：① 徐春燕. 智慧城市的建设模式及对"智慧武汉"建设的构想[D]. 武汉：华中师范大学，2012；② 韩国 U-Korea 战略及 U-City. 中国智慧城市网，2012.7.14. http://www.cnscn.com.cn/news/show-htm-itemid-1042.html

出台了很多创新的政策措施。数字媒体城市建设资金不仅限于政府或者公共事业部门的投资,更多的是鼓励社会资本的投入。韩国通过制定租期最长可达50年的土地和建筑物租用政策来引导社会资本的加入,对于法人税、所得税、登录税、财产税、综合土地税(地方税)等给予大幅度的减免。同时,韩国还积极吸引外资参与数字媒体城市的建设,通过建立外国人专用租赁公寓和外国人学校、制定购买用地的外企以4%的利率可享受低息贷款等政策鼓励外国资本的加入。

(3) 应对问题的基本启示

在智慧城市建设中,必须寻求明确的可持续运营模式,通过自我发展来不断积聚优质要素资源,除了政府投入,还要发挥市场配置资源的作用,制定鼓励社会资本投入的政策,在智慧城市运营和管理方面通过社会力量产生明确可衡量的正向效应,才能为智慧城市建设提供充分的资源条件。

4. 项目运行的技术风险问题与应对

(1) 问题表现及影响

目前智慧城市建设在全球尚处在发展完善阶段,技术路线、发展路径、安全环境等尚不完全明确,技术和应用仍存在一定的不确定性,技术与应用尚存在一定风险。城市目前的IT基础架构庞大且管理复杂,这些基础架构具有严格的操作要求,如果大面积上马将会面临巨大的技术风险。

(2) 应对问题的典型案例:纽约智慧交通建设[①]

美国纽约的智慧交通建设始建上个世纪末,目前智慧交通信息系统可以及时跟踪、监测全市所有交通状态的动态变化。一旦某一路段因特殊状况出现交通拥堵状况,信息系统会立即发布消息给全市机动车驾驶者,并对附近地区的交通线路进行编程,找出绕行的最佳路线;同时,后台的监控设备会马上聚焦拥堵现场,找出拥堵的源头,为工作人员和交警部门疏通交通和处理交通事故提供实时信息。在交通信号系统的管理上纽约交管可谓独具匠心,智能监控系统能够根据车流量设置信号灯变灯时间,针对市区内道路纵横、交叉路口众多的特点,交管部门交通信号灯的变灯时间做了精心编排。各个路口的信号灯并不是“各自为政”,而是十几个路口的信号灯同时或依次变灯,从而大大提高了车辆的通行速度。同时,纽约全市范围内的电子收费系统广泛推行了美国最著名的联网运行电子不停车收费系统即E-Zpass系统,通过实时监控和修复,可在一定程度上规避智慧建设项目运行的技术风险。

(3) 应对问题的基本启示

城市发展是梯度推进的,新技术应用的条件是梯度成熟的,如果智慧城市建

---

① 资料来源:徐春燕. 智慧城市的建设模式及对“智慧武汉”建设的构想[D].武汉:华中师范大学,2012

设目标过于宏大,技术风险就会加大。总体来看,发达国家和地区的智慧城市建设的目标更为具体,更多的是从某一个项目或某一个方面作为出发点来进行建设,只需要整体规划与单个项目的工程效益,基本不会一次建设许多工程。如美国的智慧交通与智能电网建设,这种建设模式的风险相对较小,项目目的明确且见效快,值得我们借鉴。

(二)国内外智慧城市建设的模式分析

对于国内外智慧城市建设模式的分析,从不同的角度有不同的划分标准,许多研究者进行了归纳和总结,本节在参考当前对国内外智慧城市建设模式划分方式研究的基础上,总结了当前国内智慧城市建设的集中典型模式。

1. 国内外智慧城市建设模式的划分[①]

徐春燕(2012)对国内外智慧城市建设模式进行了较为详细的总结和归纳,并利用当前智慧城市建设的案例进行了说明和论述。

(1)政府主导模式和市场主导模式。政府主导型建设模式的典型案例是智慧广州建设。2009 年年底,广州市开通我国首个"由政府主导,牵手运营商"的无线城市官方门户网站——"智慧广州"。2010 年,广州市人民政府正式提出建设"智慧广州"战略目标,大力推进包括一页(市民个人主页)、一卡(社会保障市民卡)、一库(城市海量信息库)、一台(公共支撑平台)和一城(天河智慧城)的智慧广州"五个一"工程建设。市场主导型建设模式的典型案例是加拿大弗雷德里顿市。弗雷德里顿市建设智慧城市的成功经验之一就是建立有竞争力的私营部门。为了支持城市不断增长的私营企业,弗雷德里顿市针对小型或微型企业、中大型企业,以及创业企业家,为优质的企业和对城市经济发展有贡献的企业推出了一系列奖项。城市也开始关注 20 世纪 90 年代政府对经济的干预所带来的越来越明显的弱点。明智的策略、辛勤工作的私营企业以及信息和通信技术领域的合作、公共投资的结合,在过去的 15 年彻底地改变了弗雷德里顿市的经济。

(2)自上而下建设模式和自下而上建设模式。自上而下建设模式的典型案例是新加坡智慧国 2015 计划。新加坡"智慧国 2015"计划或称"iN2015"计划是新加坡 2006 年推出的一个为期 10 年的资讯通信产业发展蓝图。它从国家层面阐述了新加坡在未来 10 年如何通过信息技术改造企业和政府,以及如何丰富人们的生活。其中有 7 份规划突出了"智慧国 2015"对制造业、金融服务业等主要经济行业以及数字媒体等新兴增长领域的重要意义。另有 3 份规划涉及信息通

---

① 本节内容节选自:徐春燕.智慧城市的建设模式及对"智慧武汉"建设的构想[D].武汉:华中师范大学硕士论文,2012。

信基础设施、人力资源及企业如何转化的问题，以保证信息通信产业成为持续增长的动力，并支撑 2015 年其他经济部门的需求。自下而上建设模式的典型案例是美国克利夫兰社区计划。美国克利夫兰市社区计划（One Community）是通过提供普通社区家庭能够负担得起的强大宽带技术以及能够促进信息技术利用的相关程序，来改善社区的卫生、教育、人力资源和政府方面的状况，并以此促进经济的发展。One Community 计划为基层地方政府提供先进的基础设施，这项举措能够协调和控制网络连接提供的服务，同时能吸引发展态势良好的企业。克利夫兰市正是通过实施 One Community 计划，在 2006 年、2008 年和 2011 年入选 ICF 全球智慧城市 TOP21 名单。

（3）全面推进的建设模式和重点突破的建设模式。全面推进的建设模式的典型案例是"智慧北京"建设。为推进"智慧北京"的建设，北京市积极利用现代先进技术，推进城市建设，为"智慧北京"的建设奠定了良好的基础。过去的 5 年，北京市高清交互数字电视用户已达到 130 万，具备 20M 宽带接入能力的用户超过176 万户，累计建设 3G 基站 1.8 万个，城市信息化建设取得巨大进展。目前，以物联网为代表的新一代信息技术已经在北京市的应急安全、交通、监测设备、水务、环保等诸多领域中获得了广泛应用。重点突破的建设模式的典型案例是纽约智慧交通建设。纽约智慧交通的建设始于 20 世纪末，目前，一套智能化、覆盖全市的智慧交通信息系统在纽约皇后区交通管理服务中心建成。纽约智能交通信息服务系统可以及时跟踪、监测全市所有交通状态的动态变化。同时，纽约在全市范围内广泛推行电子收费系统，在纽约各市区广泛推行的 E-Zpass 系统是美国最著名的联网运行电子不停车收费系统，这种收费系统每车收费耗时不到两秒，其收费通道的通行能力是人工收费通道的 5 到 10 倍。

（4）创新驱动模式和投资拉动模式。创新驱动型建设模式的典型案例是首尔数字媒体城市建设。首尔市自 1995 年开始实施数码城市（DMC，Digit Media City）工程。DMC 坐落于上岩洞，面积近 57 万平方米，首尔计划在 2015 年将其建成韩国最先进的数字媒体创新集群。数字媒体城市凭借它先进的 IT 技术、丰富的人力资源和强劲的娱乐实力将极有利于首尔 21 世纪知识型市场的定位，这已被称为"韩流"的国际现象所证实。投资拉动型建设模式的典型案例是"智慧宁波"建设。宁波是我国智慧城市建设的先行城市，早在 2010 年，宁波市委、市政府就出台了《关于加快推进智慧城市建设的决定》，使推进智慧城市建设上升为城市发展的主导战略之一，宁波市及各县（市）区政府应统筹安排各类扶持资金用于智慧城市建设，确保全市每年不少于 10 亿元，其中市政府每年安排扶持资金不少于5 亿元。根据《宁波市加快创建智慧城市行动纲要》，"十二五"期间，宁波智慧城市重点投资的项目包括 31 项工程 76 个项目，总资金预计达到 278 亿元人民币，将有效拉动智慧城市建设。

（5）民生建设模式和城市功能建设模式。民生建设模式的典型案例是"U-桃园"建设。"U-桃园"建设将整合食、医、住、行等生活各层面的关键应用，从宽带网络、政务应用、公共安全通报、企业工商推广服务，到安全监控、未来家庭、未来商务、多元观光、农渔配销、医疗服务等多元化的发展，使任何人在台湾桃园县内的任何时间、任何地点，都可透过计算机、手机、电视、PDA、游戏机及新的通讯设备，享受经济、方便、安全及贴心的优质 U 化生活服务。桃园市正是以民生建设为主要内容，改善民众生活质量，并取得了良好效果。城市功能建设模式的典型案例是戈尔韦"智慧港"建设。在戈尔韦海湾（Galway Bay）的"智慧港"项目中，智慧信息系统从分布在戈尔韦海湾各个领域上的智能感应器获取基础数据，并从渔民、监测站那里自动获取信息。2009 年，戈尔韦海湾搭建完成了初步 Smart Bay 信息系统，该系统采用连接的传感器和计算机技术收集和传输海岸状况信息，用于监控和分析戈尔韦海湾内部以及附近的波浪情况、海洋生物和污染水平。

（6）技术先导模式和产业先导模式。技术先导型建设模式的典型案例是智慧无锡建设。无锡智慧城市的建设模式是以技术为先导，自 2009 年，短短两年的时间，无锡聚集了多家国字头的物联网、传感网的技术研发中心，国内外众多物联网研发机构也纷纷落户无锡。国家微纳传感网工程技术研究中心、中国（无锡）国际数据中心、国家传感网创新示范区（国家传感信息中心）、传感器网络信息技术无锡研发中心、传感技术国家重点实验室无锡工程中心、"感知中国"物联网技术联盟等为智慧无锡建设提供了强有力的技术支撑。产业先导型建设模式的典型案例是爱沙尼亚的塔林市。2000 年，塔林市开始实施"虎跃"的产业升级和复兴计划，利用宽松的财政政策和产业承接政策，修复和提升这个国家已经凋敝的产业体系。塔林创新战略把吸引新兴产业作为目标，还要形成集 IT、机电工程、生物技术、创新服务、海事及物流服务和金融服务于一体化的产业体系。到了 2005 年，爱沙尼亚却被欧盟和《纽约时报》称为"在波罗的海的硅谷"，塔林也是 2009 年唯一一个发展中国家的智慧城市。

通过对当前国内外智慧城市建设的基本情况分析，可以归纳总结出国内外智慧城市建设模式，见表 2.1。

表 2.1　国内外智慧城市建设模式的比较分析

视　角	主要模式	主要优缺点	典型案例
建设动力	创新驱动型	技术含量高，环境友好、资源节约、持续性强，但前期投入大，作用缓慢，对高智力依赖	首尔数字媒体城市建设、埃因霍温知识型城市建设

续表

视 角	主要模式	主要优缺点	典型案例
建设动力	投资拉动型	直接作用强、见效速度快、带动性强、但持续性较差,对技术进步和就业的促进作用非常有限	智慧宁波的建设、智慧深圳的建设
建设目标	民生建设为目标	以人为本,有利于提升城市形象与发展质量,发展后劲大,但对促进经济发展作用缓慢	"U-桃园"的建设
	城市功能建设为目标	对城市经济发展与促进作用明显,但对城市区位、资源及产业基础有特殊要求,适合资源型城市和区位优势明显的城市	爱尔兰戈尔韦"智慧港"的建设
建设方式	全面推进	对城市管理者的管理水平有较高要求	智慧北京的建设
	重点突破	针对性强、效果明显、具有示范效应,但对提高城市整体建设水平作用有限	纽约智慧交通的建设
建设过程	由上至下	有的放矢,循序渐进,协调有序,适用于信息化整体水平较高的城市	新加坡"智慧国2015计划"
	由下至上	对城市发展水平的要求不高,适用于小型城市	美国克利夫兰社区计划
建设先导性	产业先导型	带动性强,有利于促进就业,但需要一定的产业基础,容易处于被动地位	爱沙尼亚塔林市的产业复兴、智慧深圳的建设
	技术先导型	城市发展后劲足,经济发展质量高,但需要有雄厚的研发实力,同时需要有一定的产业支撑	智慧无锡的建设
资源配置方式	政府主导	前瞻性好,作用力直接,能够集中力量办大事,但配置效率低,缺乏活力,容易滋生腐败	智慧广州的建设
	市场主导	配置效率高、实施效果好,但存在市场失灵的现象	加拿大弗雷德里顿市智慧城市的建设

图表来源:徐春燕.智慧城市的建设模式及对"智慧武汉"建设的构想[D].武汉:华中师范大学硕士论文,2012.

2. 国内智慧城市建设的几个主要模式

(1)浙江模式——"3+X"建设模式

2011年,《中共浙江省委、浙江省人民政府关于加快培育发展战略性新兴产业的实施意见》中提出,把开展智慧城市建设试点作为今后一个时期培育发展战略性新兴产业的一项重要任务。2011年9月,浙江省人民政府与工信部、国家标准化委签订战略合作框架协议,共同推进浙江智慧城市建设试点,形成"3+X"指导与服务模式。从智慧浙江"3＋X"建设模式的探索、发展与推广过程可以发现，该模式不同于一般智慧城市的建设模式，最重要的一个特色是该模式是省级智慧之路的建设模式，而不是针对某一个城市。该模式既是基于浙江省的经济发展基础与特色，更加注重顶层设计，结合各区域特色以地方人民政府为责任单位、智慧项目为依托的方式推进智慧城市建设。在智慧浙江的建设过程中，"3＋X"模式的特点主要体现在以下几个方面。

第一，智慧浙江"3＋X"模式主要体现出省部委共建、多主体参与的指导与服务模式，最大程度地吸引智慧城市建设力量。在浙江省人民政府的支持下，浙江省成立了智慧城市促进会，目前促进会已拥有 170 家会员理事单位，包括智慧城市建设及相关工作的政府部门、企事业单位、大专院校、科研院所等，成为一支推动浙江省智慧城市建设工作的强大力量。多样化的建设主体，为智慧城市的建设聚集了更加多样化的资源与技术，使得智慧城市建设的规划更加科学合理、建设过程更加顺畅、建设结果也更能体现服务民生的目标。

第二，结合区域发展特色，以地方政府为责任单位，通过在重点领域推进智慧城市示范试点项目的方式，逐步推进浙江省智慧城市建设。浙江省虽然经济总体形式较好，但是各个地区城市经济发展水平不同，产业布局也各具特色。因此，结合不同地区的特点逐步开展智慧城市建设将能更好地推动智慧城市建设。自2012 年以来，浙江省已先后启动了三批共 20 个智慧城市建设示范试点项目，参与试点项目的城市涵盖了浙江省的 11 个地市等，试点项目的内容则更是覆盖了居民生活、卫生健康、城市管理、安全监管、交通物流、能源供给、水资源利用、环境保护、旅游服务、电子政务、民生服务等人民群众最为关切的领域。这种基于不同地区的经济特色与产业布局的逐步推进形式是智慧浙江"3＋X"模式的一个显著特色。

第三，浙江智慧城市示范试点项目的建设逐步体现出市场化的特性。很多省市的智慧城市建设是政府主导，而智慧浙江的建设在市场化推进模式上进行了创新性的探索。中国首个省级层面专门致力于推动智慧城市建设的联合性社团组织"浙江省智慧城市促进会"和首个省级智慧城市标准化技术组织"浙江省智慧城市标准化技术委员会"的成立让浙江智慧城市建设逐步摆脱了完全计划性质的建设方式。通过市场化的推进模式，优化了智慧城市推动的路径，一方面发挥政府分引导作用，另一方面，又能带动企事业单位、高校等建设主体的参与，大幅度提升了智慧城市建设的效率与效果。

第四，通过产业联盟的组织形式吸引中小企业的参与，通过加快共享共建步伐，推进智慧城市的建设进程。浙江省 97％的企业是中小企业，55％的就业者在中小企业工作，全省有 60％以上的税收、70％以上的生产总值都是由中小企业创造。因此,如何发挥中小企业在智慧城市建设过程中的作用是一个非常重要的挑战。在试点项目建设前期,政府的引导与投入、大企业的积极参与为中小企业的加入提供了重要的引导作用。而标准化委、经信委、科技管理等部门也将发挥引导中小企业的重要作用,通过产业联盟等形式来整合中小企业的创新和创造能力。此外,浙江省委、省政府也在通过制定相关政策条例、规范财政扶持方式等举措不断化解智慧城市建设过程中面临的设施难以共建、信息难以共享等的智慧建设瓶颈问题,为浙江智慧城市建设创造良好的环境。

（2）北京模式——以信息化推动智慧城市建设

2012年3月,北京市人民政府以京政发〔2012〕7号颁发了《智慧北京行动纲要》,全面推进智慧北京建设。智慧北京主要是围绕"人文北京、科技北京、绿色北京"战略任务和建设中国特色世界城市的目标,全力建设人人享有信息化成果的智慧城市,以普及城市运行、市民生活、企业运营和政府服务等领域的智慧应用为突破点,明确主题、聚焦重点,通过政府引导、多方参与的方式,全面提升经济社会信息化应用水平,推动北京加快迈向信息社会。从智慧北京的建设和发展中可以发现,智慧北京建设重点在于充分利用新一代信息技术,提升智慧城市服务功能和优化城市发展内涵,以信息化全面推动智慧城市建设。在城市信息化建设方面,智慧北京主要体现出以下几个方面的特点。

第一,智慧北京建设的面广点多,信息化的应用涵盖了生产生活的各个领域。《智慧北京行动纲要》中,对城市智能运行行动计划、市民数字生活行动计划、企业网络运营行动计划、政府整合服务行动计划、信息基础设施提升行动计划、智慧共用平台建设行动计划、应用与产业对接行动计划、发展环境创新行动计划等方面进行了较为详细的规定和阐述。通过智慧北京建设,可以有效地优化城市服务功能,提升城市的竞争力。

第二,北京不断完善信息化基础设施,提升城市发展的信息化水平。2009年,北京市颁布了《北京信息化基础设施提升计划（2009—2012年）》,全面推进北京信息化基础设施的建设和完善。经过建设,北京的互联网家庭入户带宽、企业入户带宽等达到新的高度,同时在移动互联网基础上建立了完善的物联网应用平台。在未来的一段时期内,北京相继建成物联网应用资源共享服务平台、物联信息交换平台、传感信息网络平台、超级计算中心等共性基础支撑平台。

第三,通过统筹建设云计算平台,提升城市信息的互联互通的能力。2010年,北京市计算中心建成20万亿次公共云计算平台,提供全方位的虚拟化和高性能计算服务,提供SaaS、IaaS,部分提供PaaS多种服务模式。平台已成功应用于国庆60周年天安门阅兵的IED显示系统模拟、北京长城华冠汽车公司的汽车碰撞仿真、北京同仁医院的鼻腔病变研究、北京生命科学研究所的生物计算研究等多个领域，不断扩大云计算平台的应用范畴。

(3) 无锡模式——以技术研发推动智慧城市建设

物联网是无锡智慧城市建设的 DNA，互联网缩短了人与人之间的距离，而物联网的时代更将逐渐消除人与物之间的隔阂。无锡依靠物联网技术研发应用方面的先发优势，抢先进入全国乃至世界"感知城市"发展的第一方阵。无锡智慧城市建设兼具技术研发导向型和产业导向型两种模式，通过物联网相关技术的研发优势，保持无锡智慧城市建设的引导者角色；通过产业应用，无锡不断拓展智慧产业的培育和发展。

首先，国家全力支持无锡智慧技术的研发与应用。无锡智慧技术的研发与应用离不开国家和相关部门的支持和推动。2008 年，IBM 提出"智慧地球"概念，2009 年 8 月，时任国务院总理温家宝在无锡视察的时候，就指出要建立中国的传感信息中心或"感知中国"中心。此后，国家发改委、工信部、财政部、住建部等部委纷纷出台相关政策措施，鼓励和支持无锡智慧城市建设的探索和发展，中国科学院、中国工程院、国家测绘地理信息局、清华大学等国字号科研院校通过在无锡建立科研机构等方式直接和间接地参与无锡智慧城市建设，为无锡智慧城市建设提供了强有力的支撑。

其次，无锡不断完善智慧城市支撑技术研发的平台和机构。2009 后，无锡聚集了多家国字头的物联网、传感网的技术研发中心，国内外众多物联网研发机构也纷纷落户无锡。国家微纳传感网工程技术研究中心、中国（无锡）国际数据中心、无锡建设国家传感网创新示范区（国家传感信息中心）、国家（无锡）传感网国际科技合作基地、"感知中国"物联网技术联盟等相继落户无锡，让这个处于太湖之滨的城市真正成为了智慧城市支撑技术研发的重镇，在物联网技术等新一代信息技术研发方面领先于国内其他城市。

第三，无锡不断探索和拓展智慧城市支撑技术应用的空间和领域。在智慧城市建设的过程中，无锡更是积极利用建设智慧城市的契机，发展起了规模庞大的物联网等相关信息产业群。例如，2013 年建成的无锡"时空信息云平台"，不但提高了时空信息在"智慧政务、智慧产业、智慧民生"等领域的应用广度和深度，而且在智慧交通、智慧水利、智慧环保、智慧城管、智慧国土、智慧旅游、公众应用等领域开展示范应用，催生出庞大的信息产业集群。

(4) 武汉模式——以区域试点推广推动智慧城市建设

武汉智慧城市建设主要分为三个阶段：第一阶段的 2010—2011 年为规划期，武汉将着力于"智慧城市"相关的规划与方案制订、标准研究、关键技术，并确定典型应用示范，以光谷未来科技城为示范点。第二阶段的 2012—2015 年为建设期，将进入标准制定、关键技术研究，力争体系基础成型，以东湖国家自主创新示范区为试验区,全面实践"智慧城市"各项建设。第三阶段的2016—2020年为推广期,将是武汉打造"智慧城市"的推广应用期,"智慧城市"将从未来科技城,推广到东湖开发区、武汉城区。武汉智慧城市建设的主要特征体现在以区域试点推广推动智慧城市建设。

首先,武汉智慧城市建设是通过以点带面的方式展开建设和推广。武汉在智慧城市建设过程中没有选择全面铺开的方式开始建设,而是以区域为试点,通过能不断完善区域试点的信息化技术设施建设、培育智慧产业、拓展智慧应用等方式提升区域试点的示范带动作用。第一阶段的光谷未来科技城试点已经构建了基于"中国云"的智慧城市基础设施及智能处理基础平台,建设了智能交通、城市基础设施、公共应急决策,以及能源与资源管理4个智能示范应用工程。第二阶段的东湖国家自主创新示范区智慧城市试点建设也在高速推进,取得了良好的建设效果。

其次,武汉智慧城市建设选择的示范区域具有非常良好的智慧产业培育基础,机制和体制的约束阻力较小。光谷未来科技城是武汉2010年开始建设的一座科技新城,以研发型企业聚集为特色,其项目定位为整体覆盖光电子信息、生物医药、能源环保、现代装备制造和高科技农业等五大主导产业领域。从产业体系来看,光谷未来科技城的产业发展重点是智慧技术应用重点领域,完全符合智慧产业布局。从城市发展来看,光谷未来科技城作为一座新城,城市建设改革和创新的机制体制阻力较小,能够全面推进智慧区域建设。

最后,武汉智慧城市建设是在原有的城市信息化建设的基础上进一步拓展和升级。武汉智慧城市建设与"三网融合"试点工作、"光城计划"、"数字武汉"计划等一脉相承,在原有试点和计划建设的成效上,武汉智慧城市建设有着雄厚的建设基础。智慧武汉建设充分发挥了武汉信息通信产业、RFID相关技术、电信业务及信息化基础设施的优势,借助物联网、传感网等新一代信息技术提升智能楼宇、智能家居、路网监控、智能医院等诸多领域的管理和服务能力,形成智慧区域。

(三)国内外智慧城市运行的模式分析

1. 基于投资建设的智慧城市管理模式

在智慧城市建设中,必须寻求明确的可持续运营管理模式,通过自我发展来不断积聚优质要素资源,或在城市运营和管理方面产生明确可衡量的正向影响,才能为智慧城市建设提供充分的资源条件。智慧城市建设的投资管理模式有以下几种:一是政府独自投资建网运营的,如纽约智慧交通建设模式;二是政府投资,委托运营商建网运营,如新加坡智慧国2015计划的实施;三是运营商独立投资建网运营，企业投资，如智慧东京"东京无所不在计划"的开展与实施；四是政府牵头，运营商建网的 BOT 模式，如韩国首尔数字媒体城市建设；五是政府指导（部分投资）、运营商投资建网运营的模式，如浙江的智慧城市示范试点项目建设。

2. 智慧城市建设的产业发展驱动方式

智慧城市建设不仅仅是信息基础设施的发展与完善，更多的是通过智慧城市建设推动新兴产业体系的形成与发展、优化传统的产业体系。主要体现在以下几个方面。

第一，以物联网产业为基础带动相关产业的发展。如宁波通过举办智慧城市的产业博览会，推动整个智慧城市相关产业的建设。无锡不断完善物联网产业链，推动全市相关产业的转型升级，也带动着区域智慧城市建设相关产业发展的快速成长。

第二，以信息基础设施为建设基础推动信息产业集群的形成。如首尔数字媒体城市建设：首尔市自 1995 年开始实施数码城市工程。DMC 坐落于上岩洞，在近 57 万平方米面积的土地上，首尔通过对信息基础设施的不断完善将其建成韩国最先进的数字媒体创新集群。纽约智慧交通建设：纽约智慧交通的建设始建20 世纪末，通过不断完善智慧交通基础设施建设体系，推动着与智能化信息产业相关支撑和应用产业集群的形成。

第三，以公众应用需求为基础，催生民生产业体系的完善与壮大。如台湾桃园"智能生活"计划，整合食、医、住、行等生活各层面的关键应用，从宽带网络、县政应用、公共安全通报、企业工商推广服务，到安全监控、未来家庭、未来商务、旅游观光、农渔配销、医疗护理等多元化的发展，使桃园与民生相关的产业体系得到全面的发展与壮大，进而提供更优质智能化民生服务。

3. 智慧城市项目运营管理方式

国际上的智能城市建设注重公私部门的合作，有众多企业参与，以企业形式管理项目。韩国松岛新城的开发吸引了众多企业参与：盖尔（房地产）、摩根士丹利（房地产融资）、大宇建设、LG CNS（IT 服务）、微软、GE、ISS（教育服务）等。具体包括四类智能城市的运营管理模式。

一是公私合资建设和运营管理模式。如 Arabianranta 项目由芬兰赫尔辛基经济和计划中心协调和管理，其还与许多私人企业成立合资企业。该项目的合作方包括诺基亚、爱立信、摩托罗拉以及当地的电信企业 Sonera 等。

二是政府带头，私人企业参与的运营管理模式。如新加坡的 One North 项目由 JTC Corporation 负责带头建设，JTC 是新加坡贸工部下属的官方机构，成立于 1968 年，是新加坡最大的工业地产发展商，在 One North 项目中，JTC 主要负责基础设施的建设，开发 20% 的土地，而 80% 的项目开发则交由私人企业进行。

三是政府投资管理,研究机构和非营利组织参与。如 Masdar 城由政府机构阿布达比未来能源公司统筹规划,主要合作对象有世界野生动物基金会、美国麻省理工学院等。

四是电信企业投资开发,作为新技术试验模式。如德国的 T-city 是德国电信进行的大规模生活实验室计划(2007—2012),旨在研究现代信息通讯技术,示范如何提高城市未来的社区和生活质量,该计划还集合了阿尔卡特集团、三星集团、德国城镇发展协会、波恩大学等企业和机构。

4. 智慧城市建设的盈利模式分析

作为一种新的产业发展方式,智慧城市建设需要形成良好的盈利方式和商业模式,但是当前智慧城市建设并没有更多地体现出盈利能力。智慧城市建设是一个庞大系统的工程,"谁投资谁受益、谁运营谁买单"的盈利思路并不能完全适用于智慧城市建设,特别是一些关系民生的公益性项目更加难以完全按照市场化的经营思路开展运维。事实上,智慧城市建设的盈利模式需要智慧城市建设项目管理者和运维方共同打造新的盈利平台。

一是以"公益性智慧服务平台"为主导的盈利模式。此类模式主要是在政府主导下进行基础设施和平台建设,通过为公众提供食、医、住、行等生活层面的信息,推动整个城市的智慧应用和发展。盈利模式主要有植入式广告收入、基础信息服务、对服务性企业的专业化信息服务收入等。此类盈利模式具有公益性、补偿性、广泛性等特点,可在智慧交通、智慧安居、智慧健康、智慧政务等领域加以应用。

二是以"行业协会＋联盟"为主导的盈利模式。此类模式以联盟的方式对各行业内各相关企业进行资源整合,提供"既综合、又专业"的产品和产业信息服务。盈利模式主要有行业技术基础服务、信息推广服务、广告发布服务、行业咨询服务、供求商机信息服务等。此类盈利模式具有内容专业化、服务集中化、用户精准化等特点,可在智慧物流、智慧电网、智慧港航等领域加以应用。

三是以"服务外包智慧平台"为主导的盈利模式。此类模式主要是通过承接一些服务性外包业务获得营业收入,承接来自于政府部门、行业协会和相关企业的智慧建设任务获得营业收入。盈利模式主要有服务外包资金、行业补贴等。可在智慧监测、智慧水务等领域加以应用。

(四)智慧城市建设与运行的经验借鉴

1. 智慧城市建设与运行的经验分析

(1)拓展智慧城市内涵,明确智慧城市建设目标作为城市发展建设的新目标，智慧城市既与之前的数字城市目标相关，又更加聚焦民生与服务，强调治理方式的转变，鼓励创新与转型，鼓励公民发展与公众参与，强调可持续发展。智慧城市的理念不仅仅包含数字化、智能化，更是涵盖创新城市、学习型城市、知识城市的综合体；城市的智慧不仅仅是技术的智慧、经济的智慧，更是公民的智慧、政府的智慧、生活的智慧和环境的智慧。在建设智慧城市时应避免新瓶装老酒，一味借助和炒作智慧城市概念，而并未真正提升城市发展的核心理念。为此，智慧城市的建设不应只注重信息通信设施的硬建设，还应更加注重治理能力、文化创新、以人为本、绿色低碳等软建设，整合智慧城市的范畴，从整个城市生态的大体系来制定智慧发展的目标。

（2）以人为本，围绕公民需求展开建设

智慧城市的建设离不开公民的参与和需求，公民需求和公民参与既是智慧城市建设的重要内容，也是智慧城市建设的目标。在智慧城市建设过程中，政府的公共服务应将公众置于中心位置，政府管理部门不应划桨也不应该掌舵，而需要提供全方位的服务。在智慧城市运行过程中，应充分体现公共服务的价值，重视公民、企业的需求，同时增强政府、企业、公民三者之间的协同与互动，以符合智慧城市推进现代公共管理与城市治理模式创新的基本要求。

（3）突破发展边界，实现政府与公众的协作

智慧城市的规划与实施应改变由城市信息化部门或者科技部门单独负责与统筹的建设模式，否则可能进一步加重"硬建设"的倾向，并弱化文化、生活、环境等"软建设"，造成这些发展目标各自建设、缺乏统筹协调。智慧城市是城市大生态系统的整体升级，只靠政府主导，将难以全面系统地推动各方面的共同发展。因此，在智慧城市建设中，从共同战略规划到具体实施等各个环节，政府部门都应充分调动各利益相关方的积极性，鼓励各方共同参与。

（4）立足当前发展阶段，分步推进智慧城市建设

智慧城市内涵涉及城市生活的方方面面，不是一朝一夕就能够建成的，在智慧城市建设中应该强调立足当前、着眼未来。考虑到国内信息通信基础设施整体上仍不完善，在制定智慧城市建设和具体实施方案时应避免"迈大步、追潮流"，脱离本城市的信息化现实，制定不切实际的战略与方案。本着"高处着眼，低处着手"的原则，在总体战略目标和原则指引下，分阶段推进，并根据不同时期城市发展目标、社会民生需求、技术革新趋势的变化等不断调整与优化方案，逐步从技术导向建设走向人本导向的智慧城市目标。

（5）基于自身特色，推动建设目标差异化

当前，全国范围内已有几十个城市相继提出在"十二五"期间内建设智慧城市的目标，其中既有上海、深圳等一线城市，也有宁波、佛山等二线城市，经济发展水

平与产业结构的差异决定了这些城市各自的比较优势。智慧城市的建设应是合作互补而非竞争关系,趋同的战略与规划不利于资源的优化配置,易造成资源重复浪费。各城市应立足于自身层级与区域比较优势,各有侧重地制定智慧城市的发展战略,力求差异化。

（6）成立专门机构统领智慧城市建设

综观成功的智慧城市建设案例可以看到,专门的机构对于智慧城市建设的前期规划设计、中期投资建设以及后期的运营与维护都是极其重要的。马来西亚建立信息通讯产业政策与管理的专门机构与行业协会,为信息通讯产业的政策制定与执行提供了政策保障和沟通渠道。新加坡资讯通信发展管理局非常注意新技术和新理念的引入,知识联网、绿色城市 ICT 解决方案、业务分析和云计算已经被纳入其中。新加坡充分认识到这些战略性技术在促进发展方面的重要地位,并已经做好了引领新一代变革的准备。

2. 智慧城市建设与运行的难点和障碍

（1）智慧城市建设过程中协同与共享问题

在智慧城市建设过程中,建设单位和管理部门面临的最大困难就是部门的协同与信息共享问题,主要体现在各级政府及跨部门之间沟通协调、衔接和协作较为困难,信息、数据等资源共享不畅,缺乏监督协调机制,智慧城市试点项目在建设过程中存在办事手续复杂,审批效率较低,管理主体界定不明,存在多头领导和分散监管等情况。

首先,分散建设的信息系统使得信息资源难以共享。随着智慧城市建设的推进,城市建设的信息化水平不断提升,信息数据已成为城市建设和运营过程中不可或缺的资源,部门之间的信息共享需求也随之日益增多。但是,由于在以往城市建设过程中缺乏统一的规划和设计,往往是有关职能部门独立建设和管理各自的信息系统,而且各自的系统又有不同的标准与模式,相互之间难以兼容。这就直接导致不同管理部门的数据信息不能整合到统一的数据平台上,从而使得各部门之间的信息资源不能有效地形成共享机制。

其次,追逐部门利益影响智慧城市建设的整体推进。在传统信息管理情境下,不同部门所需要的信息由各部门自己进行采集、处理、加工、整合和使用,每个部门均会形成自己相对独立的信息中心。信息中心所包含的人、财、物及其关系等已经成为了各部门的重要资源,乃至会直接或间接地影响权力和收益。智慧城市建设对信息共享的推进,甚至对信息中心的整合将会影响到各部门之间权力和利益的调整。因此,由于各部门的利益诉求不同,造成信息资源难以有效整合、充分共享,甚至一些部门为了保留现有的利益会对智慧城市建设所涉及的信息共享产生抵触情绪,从而对部门协同与信息共享形成阻力。

再次，支持智慧城市建设的智慧产业不够成熟。智慧城市建设与移动互联网、云计算、物联网、大数据等新一代信息技术的应用与产业发展有着密切联系，智慧城市建设对信息产业发展带来了重大机遇，同时也需要智慧产业的有力支撑。但是，我国信息产业链并没有完全形成，新一代信息技术产业的前端研发和后端服务能力还不强。特别是支撑智慧城市建设的高端信息服务业不够成熟，如提供政府与商业大数据存储、分析、交换、整合服务的能力不强，促进信息共享的专业化信息服务机构和人才十分短缺。

最后，政府部门和人员服务意识与能力跟不上智慧城市建设需要。当前政府管理部门正在不断转变政府职能，努力建设服务型政府。但面对智慧城市建设的推进，有关政府管理部门，特别是一些工作人员不能适应智慧城市建设所带来管理和服务方式的快速转变。智慧城市建设所涉及的项目推进需要政府管理部门和人员积极参与并进行高效处置、监管，而现实中高效服务意识和能力的不到位影响了智慧城市建设的效率和效益。

（2）智慧城市建设商业模式选择的问题

智慧城市建设包括智慧城市基础设施建设、智慧城市项目运营、智慧城市成果推广应用等内容。但由于国内智慧城市建设市场化程度不高，商业模式不完善等问题的存在，使智慧城市建设的推进速度受到一定影响。目前，我国智慧城市建设在商业模式选择方面存在的主要问题表现在以下几个方面。

第一，由于以应用为牵引，吸引利益相关者广泛参与的市场环境不成熟，使智慧城市建设的产业化基础相对薄弱。智慧城市不仅意味着硬件的完善，更要求居民 IT 素质、环保意识、城市创新能力、人才吸引力等软件的提升。智慧城市的应用需要公民、企业、管理者的积极参与才能获得市场认同和拓展，但当前我国公众参与智慧城市建设的市场环境不成熟，智慧城市在建设过程中存在需求和产业化脱节的情况。在智慧城市建设过程中，公民、企业、政府等利益相关者均是智慧城市的重要组成部分，智慧城市建设需要将这些利益相关者置于中心地位，全面体现智慧城市建设和服务的价值，才能真正实现需求和产业的有效衔接。

第二，由于建设完成后智慧项目的应用和产业化方向不明确，导致智慧城市建设的投资主体难以界定和明确。一般来讲，智慧城市建设的投资模式有政府独自投资建网运营的、政府投资后委托运营商建网运营、运营商独立投资建网运营、运营商建网的 BOT 模式等方式。但由于国内智慧城市建设收益模式和前景尚不明确，导致运营商进行投资建设智慧城市基础设施的动力不足。目前，国内智慧城市试点项目建设的主要投资主体还是政府，但在政企分离的约束下政府难以持续投资，许多智慧城市项目建设仍在不断地寻求和吸引投资主体。

第三，由于智慧城市建设的盈利模式不清晰，导致智慧城市项目运营的商业化进程受到一定的影响。国际上的智慧城市建设注重公私部门的合作,有众多企业参与,以企业形式管理项目,不断提升项目的盈利能力。主要通过公益性智慧服务平台、行业协会加联盟、服务外包智慧平台等方式主导盈利模式。但是当前我国智慧城市建设的盈利模式不成熟,面临的政策困局也很多,使得许多智慧城市项目在建成后难以顺利开展商业化运营。特别是当前我国不少智慧城市建设项目存在着公益性的性质,更使得国内智慧城市建设真正进入市场化和商业化运营还存在一段很长的路要走。

（3）智慧城市建设的要素供给问题

目前,我国智慧城市建设在快速地推进,但是智慧城市建设项目在推进过程中多数面临着项目建设资金相对短缺、项目建设用地受到一定程度约束、项目推进的高层次人才相对匮乏、支撑项目发展的核心技术相对薄弱等问题。

第一,智慧城市建设工程浩大,建设资金的压力较大,资金使用的效益评估也不完善。智慧城市建设需要大量的资金,前期投入较大,日常的运维及升级费用也很高,资金的持续保障就成为影响智慧城市建设及运营的关键因素。目前,政府和公用事业投资是我国智慧城市建设最主要的资金来源,但这类资金的使用有较为明确的要求和限制,且总额有限,很难推动智慧城市建设实现持续发展。因此,在当前智慧城市建设政策环境下,难以有效解决试点项目所需的资金补给问题,需要创新智慧城市试点项目建设中的资金投入政策,鼓励社会资本参与到智慧城市建设中来。而当前智慧城市建设无法吸引社会资本进入的关键在于对智慧城市建设项目的效益评估不完善,社会资本难以判断智慧城市建设所带来的收益。如果通过绩效评估能够有效反映智慧城市建设的高效益和高回报率,社会资本将会踊跃参与,资金短缺问题也会迎刃而解。

第二,土地资源短缺,用地成本较高。当前,不仅浙江省大部分智慧城市示范试点项目面临着不同程度的土地资源短缺现象,许多省份的智慧城市建设均面临着用地紧张的问题。在城市化的快速推进过程中,土地存量不足、旧城改造、现有建设用地盘活再分配的成本较高等问题,直接导致了部分智慧城市建设项目用地得不到落实,项目没有办法落地的尴尬局面。对此,一方面需要加强对存量土地的合理规划、智慧配置,集约化利用存量土地;另一方面可以结合智慧城市项目建设需要,合理引导社会资本参与智慧城市建设用地的盘活开发。

第三,智慧城市专业要求高,吸引人才的政策不完善。智慧城市建设的专业人才需求量大,专业要求高,需要具备软件、系统、安全工程、维护以及决策风险管理、大数据分析、项目管理等多方面的综合能力。特别是智慧城市建设的信息安全保障要求高,建立政治可靠、知识全面、技能过硬、结构合理的信息安全人才队伍,才能使智慧城市建设的信息安全管理制度和技术得到充分的保障。但目前由于智慧城市建设的政策相对不完善，特别是对高层次人才的吸引力度不够，导致参与智慧城市建设的高层次人才相对缺乏。

第四，智慧城市建设的核心技术尚待完善，技术开发的风险较大。总体来看，智慧城市建设在全球尚处在发展完善阶段，技术路线、发展路径、安全环境等尚不完全明确，技术和应用仍存在一定的不确定性，也面临着一定的风险。目前，智慧城市建设的 IT 基础架构庞大且管理起来极为复杂，这些基础架构具有严格的操作要求，分阶段改造非常困难，支撑构架的核心技术的适应性和先进性均需要进一步提升。同时由于智慧城市的产业发展尚处于培育阶段，从而使得智慧城市建设核心技术开发的市场风险补给机制不完善，在一定程度上也影响着智慧城市建设核心技术开发的进程。

第三章
面向智慧城市建设的浙江省战略性新兴产业发展

（一）智慧城市建设带来的产业发展机遇

在全球智慧城市风潮和国家政策鼓励下，当前我国各省市均启动了智慧城市建设项目。在智慧城市建设的背后，是一个令人无比兴奋的巨大市场。从已披露数据显示，到 2012 年年底全国开建的智慧城市数量超 400 个，前期网络和数据平台等基础设施建设投资规模将超过 5000 亿元人民币。"十二五"期间中国将有 600 至 800 个城市建设智慧城市，加上后期各种数据中心、分析设备和服务设备的投资，市场总规模将达 2 万亿元人民币。高达 2 万亿元，乃至更大的市场规模，无疑将为一大批新兴技术、新兴产业提供广阔发展前景，特别是以物联网、云计算、下一代互联网、新一代移动通信为代表的信息技术的不断革新与融合，将催生一大批战略性新兴产业发展与壮大，具体可见表 3.1。

表 3.1　面向智慧城市建设的战略性新兴产业培育体系

产业类型		产业发展重点领域	先进地区或城市
基础性产业	物联网产业	面向智慧城市建设的物联网技术开发、物联网在产业中的应用和推广、智慧城市建设物联网平台的搭建	美国、英国、北京、上海、无锡
	软件与信息技术服务业	与智慧城市建设相关软件的设计与解决方案、信息系统集成服务、数字内容加工处理、集成电路的设计与开发，等	日本、印度、杭州、北京、南京
	云计算产业	云主机、云存储、专享云、云孵化、云集成五大服务	美国、德国、法国、无锡、广州、深圳

续表

产业类型		产业发展重点领域	先进地区或城市
智慧新兴产业	智慧新能源产业	利用先进的通信、传感、储能、新材料、航天、化工、微电子、海量数据优化管理和智能控制等技术，对传统能源的流程架构体系进行革新改造和创新，建构新型能源生产、消费的交互架构	美国、德国、荷兰、北京、无锡、上海、武汉
	新能源汽车产业	非常规能源汽车关键技术的开发与应用、综合车辆的动力控制和驱动技术、混合动力汽车、纯电动汽车等类型产品商务研发与生产	德国、瑞典、法国、天津、西安、上海、长春
	智慧环保产业	为节约能源资源、发展循环经济、保护生态环境提供物质基础和技术保障	英国、加拿大、丹麦、芬兰、北京、杭州、上海
	智慧新材料产业	各种新型、高效能量转换与储能装置新材料的研制与开发，利用信息技术推动新材料在新能源和可再生能源的应用	美国、俄罗斯、成都、深圳、哈尔滨、大连
传统产业的智慧改造	智慧装备制造产业	开发智能基础制造装备和重大智能制造成套装备，提高制造过程的数字化、柔性化及系统集成水平，加快推进信息化综合集成和协同应用	德国、美国、韩国、杭州、沈阳
	智慧安防产业	根据安防系统过程防护的实际需求，优选智能技术和产品，将各个子系统连接成为一个完整、可靠和有效的系统工程，包括视频监控系统、组合传感器、3G 移动视频等安防产品	瑞典、韩国、芬兰、广州、杭州、深圳
	智慧交通产业	推进智能交通系统产业化、标准化、检测服务和应用，包括智能交通、车载信息服务与安全、智能公交、便携移动终端支持交通信息服务等方面	瑞典、新加坡、纽约
	智慧电网产业	在集成、高速双向通信网络的基础上，通过先进的传感和测量技术、先进的设备技术、先进的控制方法以及先进的决策支持系统技术的应用，实现电网的可靠、安全、经济、高效、环境友好和使用安全的目标	德国、日本、美国、广东、上海、天津
	智慧生物产业	利用电子信息技术设计、构建具有预期性能的生物新物质或新品系，以及与工程原理相结合，加工生产生物产品或提供服务的综合性产业	加拿大、乌克兰、天津、江苏、深圳、成都

产业类型		产业发展重点领域	先进地区或城市
现代服务业的智慧应用	电子商务产业	基于物联网和云计算的电子商务模式创新,构筑电子商务云计算技术平台。完善新一代信息技术环境下电子商务物流配套体系、标准体系、信用体系和支付体系等支撑体系建设	美国、日本、杭州、北京、深圳、天津
	智慧医疗产业	通过打造健康档案区域医疗信息平台,利用最先进的物联网技术,实现患者与医务人员、医疗机构、医疗设备之间的互动,逐步达到信息化,包括智慧医院系统、区域卫生系统以及家庭健康系统等	英国、日本、韩国、宁波、北京
	智慧大农业	集云计算和物联网技术为一体,依托部署在农业生产现场的各种传感节点和无线通信网络实现农业生产环境的智能感知、智能预警、智能决策、智能分析、专家在线指导,为农业生产提供精准化种植、可视化管理、智能化决策	美国、澳大利亚、法国、以色列、湖北、黑龙江
	智慧旅游产业	利用云计算、物联网等新技术,通过互联网、无线网络,借助便携的终端设备,主动感知旅游资源、旅游经济、旅游活动、旅游者等方面的信息,及时传送和挖掘分析	英国、北京、杭州

总的来讲,智慧城市建设不仅可以为战略性新兴产业的快速成长和发展提供良好的机遇和适宜的环境,更可以为产业的转型升级提供坚强的动力。

1. 智慧城市建设可以推进产业转型升级和经济结构调整

智慧城市可以激发科技创新,转变经济增长方式、推进产业转型升级和经济结构调整。借助智慧城市的理念和实践,能促进人们消费模式和生产方式的变革和创新,推动绿色消费、清洁生产和敏捷制造,实现节能减排,低碳环保。借助智慧治理,可以充分挖掘利用各种潜在的信息资源,加强对高能耗、高物耗、高污染行业的监督管理,改进监测、预警的手段和控制方法,从而降低经济发展对环境的负面影响,最大限度实现经济和环境的协调发展。

2. 智慧城市建设是推动战略性新兴产业发展的重要引擎

智慧城市建设离不开物联网、互联网、云计算等技术支撑,建设智慧城市将进一步引领带动物联网、云计算等产业发展。智慧城市建设将带动突破新一代信息技术产业的发展瓶颈,推动以文化创意、物联网等为重点的城市经济迅猛发展。推动以智慧交通、电力等为重点的城市基础设施承载能力大幅提升,城市能级迈上更高高度,为城市化提供更大马力的发展引擎。智慧城市建设也将带动大规模战略性新兴产业链的形成,譬如物联网设备与终端制造业、基础支撑产业、物联网软件开发与应用集成服务业等。

3. 智慧城市建设为战略性新兴产业提供了落地的发展机遇

培育和发展战略性新兴产业虽然关键在技术，但先导是市场，没有稳定、巨大的市场需求，战略性新兴产业终将难以成长壮大。智慧城市建设需要构建大量智能化基础设施，这对促进新一代信息技术产业的成长是一个重要发展契机，对云计算、物联网的设备制造业产生巨大的市场需求。同时，智慧城市建设本身的不断发展与升级，必将进一步推动智能交通、数字城市管理、城市安防、医疗信息化、云计算、物联网等新兴产业的发展。加快建设智慧城市步伐，有助于促进战略性新兴产业发展，为相关产业提供了落地机会。

4. 浙江省智慧城市建设为战略性新兴产业提供了强有力支持

自2012年5月，浙江省先后启动了两批20个智慧城市建设示范试点，信息基础设施和公共服务平台不断完善，信息技术创新能力和产业能级不断提升。信息技术在城市管理、公共服务、经济发展、市民生活等领域得到广泛运用，智慧城市服务民生水平得到明显提升。在智慧城市建设的背后，我们可以看到一批面向智慧城市建设的战略性新兴产业得到快速成长和发展，这将为面向智慧城市建设的战略性新兴产业发展与壮大提供了良好的机遇。

（二）智慧浙江建设的内涵与战略导向

1. 智慧浙江建设的基本内涵剖析

智慧浙江是基于数字浙江基础之上，在新一代信息技术和知识经济加速发展的背景下，以互联网、物联网、电信网、广电网、无线宽带网等网络组合为基础，利用和融合更为先进的技术，促进物人之间的互动能力，提高城市智能化程度，以智慧技术、智慧产业、智慧服务、智慧管理、智慧生活等为重要内容的区域发展新模式。智慧浙江能促进信息技术在自主创新、产业发展、公共服务、社会管理、资源配置等领域的广泛应用，有利于经济转型升级、提高资源配置效率、改善人民生活水平。

智慧浙江发展需以信息、知识资源为支撑，通过透明、充分的信息获取，广泛、安全的信息传递，高效、科学的信息处理，均衡有效地提高城市运行和管理效率，改善城市公共服务水平，跨越式提升城市发展的创新性、有序性和持续性，使整个城市如同智慧的人，让市民能均等享受到智慧浙江的服务和应用。智慧浙江大致具有以下特征。

——更加透彻的感知。利用各种传感技术和设备，使城市中需要感知和被感知的人与物可以相互感知，且能够随时获取需要的数据和信息。通过智慧建设，可以使浙江城市、产业和居民生活等能够在一个平台中得到充分的感知。

——更加广泛的联接与协同。融合通信网、互联网、物联网打造泛在的承载网络，并安全可靠的将各种采集信息和控制信息进行实时准确的传递。同时，基于智慧型基础设施，浙江发展中的各个关键系统和参与者进行和谐高效地协作，形成经济社会运行的最佳状态。

——更加集中和更有深度的智能处理。利用云计算和模糊识别等各种智能计算技术，对海量的数据进行快速、集中、准确的分析和处理，并做出智能化的控制，广泛用于交通控制、食品管理、生产进程管理等各个方面，特别是在能源资源节约上发挥显著作用。

智慧浙江建设是社会、经济和技术快速发展背景下的产物，将为浙江省经济社会的发展带来新的契机和动力。

首先，建设智慧浙江是促进经济持续发展的重大支撑。智慧浙江建设是立足促增长与谋划长远抓转型的结合点，近期有望带来巨大投资消费内需，稳定经济回升向好态势，中长期能够构筑新优势，促进浙江经济继续走在全国前列。

其次，建设智慧浙江是深化经济结构调整的战略引擎。智慧浙江建设是信息化与工业化、城市化的结合点，是人均 GDP6490 美元后提升产业和城市能级，迈向更高发展阶段的战略选择。通过智慧浙江建设，可以改变浙江省现有以传统产业为主导的经济结构状况，使之合理化、完善化，进一步适应生产力发展的过程。

再次，建设智慧浙江是加快经济发展方式转变的重要动力。智慧浙江建设是建设创新型省份和生态省的结合点，是加快经济发展方式转变的重要动力。通过智慧浙江建设，可以形成少投入、多产出、少排放、多利用的生产方式，促进浙江省经济走上良性发展轨道。

最后，建设智慧浙江是构建服务型政府的必要基础。通过智慧浙江建设，可以利用现代信息技术，建设高效电子政务系统，逐步形成统一的经济发展、城市建设、社会管理、环境保护、公共安全、应急处理等方面的数据库系统与信息网络平台，提高政府信息的利用水平和政策科学制订水平，促进城市信息资源的共享和开发利用。

2. 智慧浙江建设的现有基础

自"数字浙江"建设启动以来，浙江省实施了信息技术倍增行动计划、城乡统筹发展信息化行动计划和信息产业振兴行动计划，加快信息化与工业化融合。"数字浙江"所推动的新兴产业的发展为智慧浙江的建设提供了良好的基础，特别是信息产业的蓬勃发展为智慧浙江建设提供了技术基础。物联网技术是智慧浙江建设的重要基础，加快智慧浙江建设离不开物联网技术与产业的发展，浙江省是国内物联网技术研发和产业化应用研究的先行地区之一，位处全国物联网产业发展的第一方阵，在产业基础、技术研发与应用以及网络资源等方面已形成一定领先优势，为下一阶段推进发展与智慧浙江相关战略性新兴产业奠定了良好基础。

在智慧浙江的建设中，杭州市已经具备建设"智慧城市"的较好条件，有望成为浙江省建设智慧省的核心和龙头，乃至中国的先行示范基地。近年来，杭州积极推进国家级城市信息化试点建设，初步形成以国家级高新区等为代表的信息产业集群，以阿里巴巴等为代表的电子商务龙头不断涌现，文化创意产业蓬勃发展，"数字杭州"建设全省领先。宁波围绕加快推进智慧城市建设，坚持基础先行的原则，大力推进城市信息基础设施，开展了一系列工作。现在杭州湾新区进行试点，再逐步向全市推广。除了推进"三网融合"，还积极试点和推广"三网"与物联网、无线宽带网的多网融合。宁波将先期重点建设智慧物流应用系统和智慧健康保障应用系统两大应用系统，并建立宁波国家高新区软件研发推广产业基地和杭州湾新区智慧装备和产品研发与制造两大智慧产业基地。

3. 智慧浙江建设的战略导向与主要任务

智慧浙江建设的战略导向是坚持以战略性新兴产业发展为基础，以市场需求和创新为动力，加快推进智慧应用体系、产业基地、基础设施建设，加大信息资源开发利用力度，对感知的信息进行智能化的处理和分析，对电子政务、城市管理、环境监测、交通、物流、卫生、公共安全、家庭生活等各个领域和各种需求提供智能化的支持。

智慧浙江建设以"感知、联通、智能、创意"为要求，以改革创新为动力，打造"智慧整合、创意无限"的智慧省。智慧浙江建设的主要任务应是在基础设施、应用创新和产业发展三方面取得突破，促进现代化浙江建设。

第一，建设智慧浙江基础设施。一是建设智慧的市政设施，如道路交通自动管理检测系统，居家生活探测体系等；二是建设智慧的城市信息基础设施，如建设城市云计算中心，使城市信息基础设施满足人们"即需即供"的需求；三是建设智慧的城市服务系统，如外来旅游人员的自助系统。

第二，开展智慧浙江的创新应用。利用物联网、云计算、等技术，在电子政务、两化融合、社会信息化三大领域开展创新应用。在电子政务领域，要建设"智慧政府"，实现政府办公智能化、监管智能化、服务智能化、决策智能化。在两化融合领域，将物联网技术应用到物流管理、生产过程控制、生产设备监控、产品质量溯源、工业企业节能减排和安全生产等领域。在社会信息化领域，要发展"智慧学校"、"智慧医院"、"智慧社区"等，为构建和谐社会提供重要支撑。

第三，大力发展智慧浙江相关产业。把建设智慧浙江和培育战略性新兴产业有机结合起来。加快培育和发展新一代信息技术产业，因地制宜，有选择性地发展物联网产业、云计算产业、移动互联网产业、支撑两化融合的生产性服务业、三网融合产业等。通过战略性新兴产业的发展带动浙江产业的转型升级。

在大力发展智慧浙江相关产业,特别是推动战略性新兴产业发展方面,智慧浙江建设战略任务要突出提升应用水平与促进产业发展两个重点。从提升应用水平的角度考虑,智慧浙江建设能促进浙江省传统产业的转型升级,提升浙江省产业的核心竞争力。通过智慧浙江建设,使教育、科技、医疗、社会保障、交通等方面的信息化应用水平显著提高,城市运行、管理、服务等功能的智能化程度明显提高。信息化的公共服务进入社区和家庭,市民信息消费水平逐步提高,网上购物、娱乐、通信、教育、旅游等普遍应用,民众能充分享受信息化发展带来的便利和实惠。从促进产业发展的角度看,智慧浙江建设无论对战略性新兴产业的培育还是传统产业的升级改造,都有巨大的需求拉动作用。通过智慧浙江的建设将建立智慧电力、智慧海洋、智慧基础设施、智慧交通、智慧物流、智慧医疗、智慧公共安全等智慧应用体系,这将促进"十二五"浙江九大战略性新兴产业中的物联网产业、新材料产业、高端装备制造业、海洋新兴产业、节能环保产业的崛起,并能进一步巩固浙江省在电子商务、文化创意、传统制造业等领域的优势地位。

(三)智慧浙江与战略性新兴产业的关联分析

战略性新兴产业是引导未来经济社会发展的重要力量,发展战略性新兴产业已成为世界主要国家抢占新一轮经济和科技发展制高点的重大战略。我国正处在经济转型升级的关键时期,必须按照科学发展观的要求,抓住推动智慧浙江建设的契机,加快培育和发展战略性新兴产业。特别是,在建设智慧浙江的过程中,战略性新兴产业的发展可与之相辅相成,协同发展。

1. 智慧浙江建设对战略性新兴产业发展的影响

首先,建设智慧浙江是推动战略性新兴产业发展的重要引擎。建设智慧浙江将进一步引领带动物联网、云计算等产业发展,突破新一代信息技术产业的发展瓶颈,推动以文化创意、物联网等为重点的城市经济迅猛发展,以智慧交通、电力等为重点的城市基础设施承载能力大幅提升,城市能级迈上历史性高度,为城市化提供更大马力的发展引擎。

其次,智慧浙江建设也有利于催生大规模的战略性新兴产业。智慧浙江建设将带动大规模产业链的形成,包括物联网设备与终端制造业、基础支撑产业、物联网软件开发与应用集成服务业等。通过智慧浙江建设相关产业的建设与发展,可在增加 RFID 和传感器等数据采集设备制造产业、海量数据处理和信息管理服务提供商,催生庞大的战略性新兴产业链。

最后,智慧浙江建设为战略性新兴产业的发展提供广阔的市场。目前,浙江省九大战略性新兴产业,其中物联网、先进装备和新材料等与智慧浙江建设直接相关,加上文化创意、应用软件等现代服务业,建设智慧浙江可以直接为五大行业创造市场需求,这也是战略性新兴产业培育所必需的条件之一。

2. 战略性新兴产业发展对智慧浙江建设的作用

首先,加快战略性新兴产业发展是智慧浙江建设可持续发展的必然选择。当前,浙江省正处于工业化、城镇化快速发展时期,面临着人口数量众多、人均资源不足、生态环境脆弱的巨大压力。因此,要通过智慧浙江实现改善民生的任务,实现可持续发展,就必须大力发展资源节约型和环境友好型新兴产业,在此基础上形成新的经济增长点,拓展经济增长空间,从而使全体人民能够通过经济社会持续协调的发展,不断满足自身日益增长的物质文化需求。

其次,加快战略性新兴产业发展是智慧浙江建设作用发挥的平台。战略性新兴产业是经济社会发展的主导力量,是抢占经济科技制高点的战略重点,是浙江省经济与产业走向创新驱动、内生增长轨道的重要动力。战略性新兴产业的发展将推动智慧浙江建设的健康持续发展。第一,通过推动战略性新兴产业发展,可以使浙江省在新能源、环境保护、新一代电子信息技术等新兴技术及新兴制造业领域巩固和增强竞争优势,抢占未来产业发展制高点,以保持在全球先进制造业中的领先地位。第二,战略性新兴产业的发展能带动智慧浙江建设中传统产业的技术发展与转型升级。第三,发展战略性新兴产业可以推动浙江省科技创新的发展,为智慧浙江建设集聚雄厚的技术基础。

最后,加快战略性新兴产业发展是智慧浙江建设取得国际竞争新优势,掌握发展主动权的需要。当前,全球经济呈现出愈来愈激烈的竞争态势,世界各主要经济体为了夺取这场竞争的战略制高点,纷纷抓住当前科技发展正孕育着新的革命性突破的时机,加大科技创新的投入力度,加快对新兴技术和产业发展的布局。因此,智慧浙江建设必须审时度势,统筹安排,科学预测和确定全球新兴产业的发展方向,选准战略性新兴产业重点领域,实施战略性新兴产业的优先发展规划,力争在新一轮全球经济和科技发展的竞争中占据有利地位。

（四）支撑智慧浙江建设的战略性新兴产业分析

1. 部分省市战略性新兴产业的发展重点与经验

2010年10月国务院发布《国务院关于加快培育和发展战略性新兴产业的决定》,确定战略性新兴产业发展的重点方向、主要任务和扶持政策扶持政策。选择节能环保、新一代信息技术、生物、高端装备制造、新能源、新材料和新能源汽车七个产业,在重点领域集中力量,加快推进。在智慧城市建设的背景下,"十二五"期间,我国重点城市对各自的战略性新兴产业进行的调整与布局,也制定了许多相关的推动战略性新兴产业发展的政策措施。

"十二五"期间,北京着力推动新一代信息技术、新能源汽车、节能环保、高端装备制造、生物医药、新能源、新材料和航空航天等产业的发展,努力使战略性新兴产业成为首都经济的先导产业和支柱产业。并制定了许多促进战略性新兴产业发展的举措,包括编制北京市贯彻落实国务院关于加快和发展战略性新兴产业决定的实施意见;大力调整优化工业投资结构,支持龙头企业、优势企业以产业链为基础,组建产业技术联盟;狠抓重大高端项目建设,扎实培育战略性新兴产业;推进信息化与制造业、服务业和农业三大产业深度融合,等等。为了推动战略性新兴产业发展,北京将在将加大科技成果转化项目的支持力度、围绕首都社会发展重大需求,推进示范应用、建立市级战略性新兴产业创业投资引导基金等方面出台了一系列的政策措施。

上海聚焦"9+5"重点领域,"9"是指 2009 年开始启动的高新技术产业化 9 个重点领域,包括新能源、民用航空制造、先进重大装备、生物医药、电子信息制造、新能源汽车、海洋工程装备、新材料、软件和信息服务业等;"5"是指 2010 年新启动的智能电网、物联网、云计算,和 2011 年启动的节能环保、民用航天等 5 个领域。上海市为了推动战略性新兴产业继续保持"龙头"地位,不仅在资金上加大扶持力促,更是大力加快新兴产业市场的培育,实现产业化、技术创新和市场培育"三驾马车"同步推进。

天津进一步完善大飞机、大火箭、直升机等产业链,建设国家级航空航天产业基地;完善石化工业产业链,建设国家级石化产业基地;重点发展机车车辆、造修船、港口机械等十大成套装备,建设国家级重型装备制造产业基地。在加快培育发展壮大战略性新兴产业,天津市以科技为先导、市场为引导,立足现有基础和条件,对技术密集型、资源消耗少、发展潜力大、综合效益好的产业,有计划地加大培育力度,并以项目为支撑,制定路线图,延伸产业链,形成产业集群。

重庆将打造以新一代信息技术、高端装备、新能源、新材料等为主导的"2+10"产业集群。"2"是指加快建设两大全球性产业基地,即亚洲最大的笔记本电脑研发生产基地。"10"是指加快建设 10 个重大产业集群,包括通信设备产业基地、集成电路设计和制造基地、纯电动和混合动力汽车主要的研发生产基地、环保工程总承包及设备成套生产基地、轨道交通装备制造基地、国家生物产业基地、新材料产业集群、风电装备产业基地、光伏和 LED 产业集群、综合性仪器仪表研发生产基地等。在加快培育发展壮大战略性新兴产业,重庆市的保障措施还包括大力筹措产业发展资金、落实扶持政策扶持政策、强化金融大支撑、加强体制创新与开放合作等。

　　江苏以发展新能源、新材料、生物技术和新医药、节能环保、软件和服务外包、物联网为重点,力争实现新兴产业更大突破,加快形成新兴产业发展新优势,加快向创新型经济转型升级。为了实现发展战略性新兴产业的目标,江苏省发展新兴产业的总体思路为:以科学发展观为指导,以促进转型升级、建设现代产业体系为目标,着力构筑人才高地,着力突破关键技术,着力优化产业布局,着力扩大市场需求,加快创建一批具有自主知识产权和自主品牌的产品,培育一批具有全球影响力的创新型企业,打造一批特色产业基地,建设一批创新型城市,努力把江苏省建设成为战略性新兴产业的先行区,全面提升国际竞争力国际竞争力,为实现"两个率先"打下坚实基础。

　　广东将在"十二五"期间将投入100亿元,支持高端新型电子信息、LED产业、新能源汽车、太阳能光伏、核电装备、风电、生物制药、新材料、节能环保、航空航天、海洋等11个战略性新兴产业。为了实现发展战略性新兴产业的目标,广东通过建立更透彻的感知、更广泛的互联互通、更深入的智能化的产业体系完善广东战略性新兴产业发展。并从战略层面上对"智慧产业"概念予以重视,启动了"智慧广东"具体实施方案的研究,推动广东相关企业掌控"智慧地球"所涉及的核心技术。为支持战略性新兴产业发展,广东省财政集中在"十二五"期间投入220亿元;并优先安排战略性新兴产业100强项目用地;对符合省优先发展目录和集约用地条件的战略性新兴产业工业项目,允许按不低于所在地土地等级相对应工业用地出让最低标准的70%确定土地出让底价。

　　山东力求建设成为物联网领域技术、产业、应用的先行省份,并以济南、青岛等市为全省物联网发展的主要承载地。通过突出发展新材料、新一代信息技术、新医药、新能源和海洋开发等重点产业,重点实施"5412工程",即5个物联网核心技术领域、4大物联网产业和12类物联网重大示范工程,争取到2015年,全省战略性新兴产业增加值占生产总值比重达到10%。为推进战略性新兴产业的发展,山东省出台了每年财政专项资金投入10亿元、对战略性新兴产业项目优先供地,在确定土地出让底价时,可按不低于所在地土地等别相对应工业用地出让最低价标准的70%执行等措施。

　　陕西以国家大飞机项目为带动,加快大型运输机、新舟和运八系列飞机、通用飞机产业化,构建集研发、生产、试飞、检修、外包于一体的产业体系。在新材料方面,重点发展高性能结构材料、先进复合材料、电子信息材料、新能源材料和新型功能材料,建设宝鸡"中国钛谷"和商洛"中国钒都"。为支持战略性新兴产业发展,陕西的保障措施包括建立多元化投融资体系、落实国家促进战略性新兴产业发展的税收政策、建设高素质人才队伍、深化国际合作和交流、营造良好的产业发展环境等。

从部分省市战略性新兴产业发展重点与现状,可以看出当前兄弟省市战略性新兴产业的发展重点在于布局新一代信息技术等核心关键技术的研发,根据各省市的产业现状和优势打造战略性新兴产业体系,通过战略性新兴产业的发展推动传统产业的转型升级。这在一定程度上可以确保战略性新兴产业与传统产业协同发展,互通互补。同时,各省市在推动战略性新兴产业发展的政策措施设计方面有几个方面的共同点:一是对战略性新兴产业发展的资金支持,如广东省财政集中在"十二五"期间投入 220 亿元、山东每年财政专项资金投入 10 亿元等,通过政府的专项资金引导和扶持本省市的战略性新兴产业的发展。二是强化金融支持作用,如重庆市努力发挥科技风险投资引导资金的作用,形成超 100 亿元的创业投资基金规模,同时壮大私募股权基金规模,力争投资能力超过 500 亿元。三是注重新兴产业市场的培育,如未来五年,北京市将在统筹 500 亿元重大科技计划成果转化和产业资金中安排专项资金;上海市不仅在资金上加大扶持力促,更是大力加快新兴产业市场的培育,实现产业化、技术创新和市场培育"三驾马车"同步推进。四是注重战略性新兴产业集群的培育,如江苏省将以项目为支撑,制定路线图,延伸产业链,形成产业集群等。

2. 浙江战略性新兴产业重点及其问题分析

浙江省确定生物产业、新能源产业、高端装备制造业、节能环保产业、海洋新兴产业、新能源汽车、物联网产业、新材料产业和核电关联产业为"十二五"时期九大战略性新兴产业,以此努力建设一批国家级产业基地,形成若干个千亿产值规模的战略性新兴产业。近年来,浙江省已经培育出一批企业技术创新平台,创建了若干国家级产业基地,在生物制药、太阳能电池、废弃物综合利用、海水淡化、物联网、磁性材料、有机硅材料等相关领域形成了一定的竞争优势,具备了坚实的产业基础。预计到 2015 年浙江省战略性新兴产业销售收入将超过 2 万亿元,占全省工业比重的 30％以上,未来 5 年,这九大战略性新兴产业将成为浙江新的支柱产业。作为建设智慧浙江的支撑性产业,物联网产业得到了重点扶持,取得了较好的发展成效。生物产业发展潜力巨大,但是近年来增长速度相对趋缓,高端产品占比不高,创新软实力制约严重,企业和产品规模较小,发展后劲偏弱。新能源产业处于起步阶段,与国内外领先地区相比还存在一定差距。先进装备制造业已经形成一定产业优势,但还存在产品档次和质量稳定性不高,关键零部件及高档工作母机以进口为主,产品研发及售后服务体系相对落后等瓶颈。节能环保产业化规模总体较小,大型龙头企业不多,创新和研发能力不足,服务业发展滞后,政策机制配套不完善。海洋新兴产业发展规模和水平与海洋资源优势不相称,还未形成新的经济增长点。新能源汽车关键技术研发、生产制造及消费环境等方面均走在全国前列,具有一定先发优势,但是主要技术性能指标与传统汽车相比尚不具有竞争优势,关键零部件制造和使用成本偏高。物联网产业仍处于产业初创期,面临技术标准体系不健全、商业模式不成熟、应用成本相对较高、关键部件依赖进口及信息保护等问题。新材料产业已经形成了明显的区域特征,拥有比较优势但仍存在产业规模小,产品档次低,政策配套不健全等问题。核电产业规模在全国居于领先地位,但浙江省核电关联产业市场份额小且略有下降。

在智慧城市的建设热潮中,在浙江省范围内,杭州、宁波、嘉兴等市正在开展"智慧城市"建设,各地规划、推进措施纷纷出台,战略性新兴产业发展雏形凸显。然而,尽管各地的产业基础不尽相同,其产业发展重点、应用领域、保障措施等方面内容基本雷同,同质化现象较为严重,同时还存在信息产业自主创新能力不强问题、重建设轻应用、信息资源整合共享难等问题。这均需要在省级层面对战略性新兴产业布局进行整合与优化。

3. 加快智慧浙江建设的战略性新兴产业重点领域选择

围绕浙江省生物产业、新能源产业、高端装备制造业、节能环保产业、海洋新兴产业、新能源汽车、物联网产业、新材料产业以及核电关联产业等九大战略性新兴产业,结合智慧浙江建设的内涵与任务,我们认为加快智慧浙江建设的战略性新兴产业布局重点领域应该包括两大类,一类是具有基础性作用的战略性新兴产业,主要有物联网产业与云计算产业,这两类产业本身具有巨大的发展空间,同时对其他战略性新兴产业提供发展支撑平台;第二类是借助物联网与云计算技术平台,在现有产业基础上取得突破性发展的战略性新兴产业,主要有电子商务产业、智慧海洋产业、智能安防产业、智能交通产业、智能环保产业、智能电网产业、智慧医疗产业、智慧新能源、精准农业与食品安全产业等,浙江省这类产业具有良好的产业基础,借助新一代信息技术可以较快地实现产业经济转型与跨越式发展。从而培育智慧制造、智慧服务和智慧生活协同发展的产业格局。

(1)培育智慧制造产业体系,形成企业网络化运行模式

1)强化物联网和云计算产业的基础性作用

以智慧浙江建设为导向,实现示范应用、核心产业、关键技术、公共平台协同突破,通过需求牵引、技术推动,进一步完善物联网产业体系。着力发展新型传感器及传感节点研发技术、物联网软件及系统集成技术、物联网应用抽象及标准化技术、物联网共性支撑技术等。推动物联网技术在工业、农业、物流、电力、交通、环保、水利、医疗、安保、家居、园区等领域建设的应用示范工程,为物联网的应用创新和产业发展提供市场环境,培育完整的市场应用服务体系。

选择若干云平台的示范应用行业,培育专门的云应用开发商和云应用产品供应商,推动传统软件行业和信息技术行业基于云计算的应用服务创新示范。加快建设云计算服务平台,发展基于云计算的专用云终端产业、应用软件业、通信增值

服务业。支持相关企业加强关键技术研发和产业化,通过服务创新带动技术创新,以电子商务云和数字媒体云辐射全国的示范应用带动上游相关产业、支撑和培育下游的应用服务创新,面向全国开展服务,在互联网领域推动信息消费模式转变,在生产领域推动工业化和信息化融合,在政务领域推动公众信息服务网络完善。

2) 提升智能环保和智能新能源的发展层级

围绕生态监测、保护,将无线传感器网络技术、地理信息技术等运用到无人维护、条件恶劣的生态环境监测中。在无需人工干预的条件下实现生态监测、数据存储与交互,提高生态监测实时性、可靠性,扩大生态监测范围,实现环境监测、资料存储与交互,提高监测实时性、可靠性,重点推进水资源、大气环境监测、地下管网监测,实现环境预警和应急响应。主要涵盖智能水资源保护监测、智能大气环境监测、智能地下管网监测、智能森林生态安全监测等产品系列。

智能新能源是实现系统能效技术与 IT 智能技术的高度融合,并构建了基于能源生产、储运、应用和再生四环节的信息和能量循环回路,改变传统的能源生产与能源应用方式,并最终向城市、园区和企业提供基于节能减排的区域清洁能源整体解决方案。智能新能源不仅包括可再生能源的创新,还包括对传统能源的高效清洁利用。根据浙江省新能源产业的发展现状,可以重点进行海洋能、光伏发电、风能、太阳能和生物质能等的智能开发与利用,并且通过研发光电转换技术、新能源存储技术等核心技术提高新能源的利用效率。

3) 推进海洋产业的智慧化应用

利用物联网技术和云计算平台,提升浙江省海洋交通运输、海洋油气开采、滨海旅游和海洋服务业方面的能力,提高港口集、疏、运和仓储能力,建设煤炭、集装箱、陆岛滚装和客运等专业化码头,提高运输组织及管理水平。积极探索海洋经济与智能电网的融合机制,充分结合光伏发电和海水淡化两者的优势;围绕舟山打造国际物流岛,加快发展港航物流业目标,以大宗商品交易、海陆综合集疏运网络和物流与金融综合服务"三位一体"的物流金融服务平台的应用开发、商业模式创新和行业推广为主要内容,推进三方在港航物流金融领域的合作。通过建立智慧海洋技术网络,提高浙江省海洋油气开采、海洋生物化工和生物制药等产业的质量和规模。

(2) 加快智慧服务体系的升级优化,提升市政智能化管理能力

1) 优化交通基础设施,形成智能化交通管理模式

通过多种类异构节点的叠加部署实现信息采集手段的多样性,结合协同处理与模式识别,保证智能交通系统判知和决策的准确性和自动化,减少人工干预工作量和交通管理资源投入。基于云计算和物联网技术建设智能交通信息存储,组

织实施基于物联网的泛在交通智能感知和调度系统项目，开发全面智能交通解决方案，实现智能化路况及车辆信息采集，实时车辆管理及引导，提高交通运行效率。主要涵盖智能交通管理系统、智慧新能源汽车、智能车辆控制系统、新型货运系统、自动道路系统、智能公交系统等产品系列。

2）强化智慧电力技术的应用，培育智能电网产业

智能电网的核心是能源利用的高效、清洁、低碳，可以在用电、发电和输电各环节实现节能。将云计算和物联网技术融合到智慧电网建设中，实现从电厂、变电站、高压输电线路直至用户终端的智能化管理，实现实时监测、提前预警和自动控制，提高电网运行效率，保障运行安全，提升基础设施精细管理和自动化运营能力。通过智能接入技术、智能控制中心、智能线路、智能变电站、智能需求管理等方面提高电网运作各环节的分散控制和集中控制之间的协调，发展智能配电网、智能表计及智能家电、智能接入技术等相关产品。

3）发展智能安防产业，保障人民安居乐业

建立防盗报警系统、视频监控报警系统、出入口控制报警系统、保安人员巡更报警系统、GPS 车辆报警管理系统和 110 报警联网传输系统等一体化产品的智能安防产业链。重点发展视频监控、防盗报警、门禁管理、消防预警及指挥控制等几个大类，通过传感技术、RFID 技术、定位技术、地理信息技术与互联网、电信网以及广播电视网相融合，实现城市管理、公共安全、智能社区等相关产业和产品。

（3）发展智慧生活产业，引导数字化生活方式

1）扩大电子商务产业应用规模，为人民创造基于电子商务生活的便利条件

推进电子商务技术创新，完善电子商务支撑体系，优化电子商务发展环境，加强面向中小企业的行业性电子商务平台和面向社会服务的综合性电子商务服务平台建设，鼓励中小企业利用公共服务平台、第三方电子商务网站开展电子商务。通过强化电子商务应用服务模式创新、电子商务云数据中心建设、电子商务云计算平台运营支撑系统建设、云计算操作系统研究开发，增强对全国中小互联网企业和电子商务创意、创新企业的服务支撑，降低电子商务创业、创新和发展壮大过程的投入成本。

2）扩大智慧医疗事业范畴，解决居民医疗难的困境

智慧医疗技术发展的关键在于在有效的时间内，将最精准的针对性医疗服务带给需要的患者，旨在以信息化推进医患资源的优化流动，助力新医改扎实起程，从而构建"人人享有基本医疗卫生服务"的智慧医疗体系。发展智慧医疗产业的重点涵盖区域医疗信息网络、CHAS 临床科研信息整合平台、医疗协同平台、基于云计算网络环境的智慧医疗、电子健康档案等产品。

3）扩大智慧技术在精准农业与食品安全产业中的应用，为人民的菜篮子保

驾护航

通过发展农产品的智能化培育控制和监控技术,使农业生产实现精细化、远程化、虚拟化、自动化,对农产品的生产、物流、销售等领域进行全面标识与监控,实现农产品的可管、可控、可溯源。支持与推动浙江省精准农业与食品安全相关的全球定位系统、信息采集系统、遥感监测系统、地理信息系统、农业专家系统、智能化农机具系统、环境监测系统、系统集成、网络化管理系统和培训系统等的发展。主要涵盖农业资源管理智能产品、农业生产环境管理智能产品、农产品安全溯源智能产品等的研究与开发。

4. 战略性新兴产业在浙江省各地市的布局分析

根据浙江省各市战略性新兴产业发展的现状与基础,为了更好地整合全省力量突破一些战略性新兴产业重点领域,避免同质化发展与恶性竞争,形成全省范围内战略性新兴产业的有序发展,应该对浙江全省战略性新兴产业布局进行整合与优化,具体可见表3.2。

表 3.2 智慧浙江建设背景下各市战略性新兴产业发展重点

市	发展基础（IT产业）			战略性新兴产业	
	电子制造业（亿元）	软件与信息服务业（亿元）	主要特点	基础性的战略性新兴产业	突破性的战略性新兴产业重点
杭州	1276	784.12	软件产业总量规模居全省第一，软件与信息服务业增加值占全市 GDP 的 4.36%。被国家发改委发展试点示范城市与国家发改委列为云计算服务创新发展试点示范城市	推动软件服务业向"核高基"、向工业农业服务业、向各区县（市）延伸；在电子商务、工业软件、物联网和云计算服务领域重点突破	电子商务云数据中心建设、电子商务云平台运营支撑系统建设，云计算操作系统研究开发，智能安防产业链、基于云计算和物联网技术建设智能交通体系，智能水资源保护监测，智能地下管网监测，智慧医疗产品系列。光电转换技术、新能源储存技术等
宁波	1422.86	102.7	电子制造业规模较大，电子计算机、电子元件、电子电产品、电子器件、电子材料和家电行业在市场竞争中有明显优势。全国首个 4G 玻璃科研试验网试点	物联网相关产业、软件信息服	智慧海洋技术网络、港航物流业、物流金融服务平台的应用开发、特高压变电技术、区域信息网络，CHAS 临床科研信息平台、医疗协同平台、电子健康档案、物联网相关的通讯设备、平板显示、LED 等新兴产业
温州	481	125.5	信息产业占规模以上工业比重超过 11%；其中电子元器件比重明显下降，2010 年下降 10%	建设电子信息产业园进促聚发展	特高压变电技术，物流金融服务平台的应用开发、智能电网协同平台、医疗协同开发、数码、半导体照明、传感器、智能元器件等新兴产业
嘉兴	471	12.6	电子信息材料如软磁铁氧体和 LED 照明用蓝宝石基板材料等。已组织成立物联网产业联盟；拟组建物联网研究院和物联网产业基地	物联网及新一代信息技术、软件与信息服务业	智能接入技术、智能制控中心、智能线路、智能变电站、新型应变电器、通讯与整机产业、光伏产业、光电子及光机电

续表

市	发展基础（IT产业）			战略性新兴产业	
	电子制造业（亿元）	软件与信息服务业（亿元）	主要特点	基础性的战略性新兴产业	突破性的战略性新兴产业重点
湖州	61.15（规上）	26.64	通信服务、电子商务、电子政务和农村信息化不断推进	实施信息化与工业化的深度融合，RFID技术和物联网产业，发展新一代信息服务新业态，抢占物联网领域制高点	智能接入技术、智能控制中心、智能线路、智能变电站，智能需求管理。风能、太阳能和生物质能等的智能开发与利用
绍兴	247.38	8.92	企业规模偏小，缺少龙头企业。主要产品有液晶电视机、电子器件、3D显示器件、LED元器件、晶体硅太阳能电池。嵌入式软件占软件产业的58.6%	加快软件核心技术和产品自主创新及产业化，集中力量发展自主基础核心软件、支撑软件、工具软件和嵌入式软件	智能车辆控制系统、新型货运系统、智能公交系统、物流金融产业。光电转换技术、新能源储存技术等核心技术
金华	291.91	20	已逐渐形成以电子元器件为主的产业格局，主导产品为汽车电子、片式频率器件、音频产品、通讯及网络产品配套的新型元器件	强化全球最大永磁铁氧体生产基地和全国最大软磁铁氧体生产基地	视频监控、防盗报警、消防预警及指挥控制。风能、生物质能等的智能开发与利用
舟山	2.2	0.15	裸视3D广告机等	海洋电子和船舶软件、船舶、港航、物流业等行业的应用软件以及纺织机、挤出机、船用设备及仪器仪表的嵌入式软件	海洋交通运输、港航物流业、海洋油气开采、海洋生物制药。海洋能、风能、太阳能等的智能开发与利用
台州	213.43	1.01	形成以电子元器件为代表的特色产业集群、电子元器件、显示器件、数码电机、电子材料等行业共同快速发展，嵌入式软件在家电、缝纫机、汽车电子、电力仪表和电机驱动等广泛应用	在智慧浙江分项试点中谋划"智慧平安"和"智慧水利"项目	海洋交通运输、智能车辆控制系统、新型货运系统、港航物流业、海洋化工和生物制药；光电薄膜、低通滤波器、石英谐振器、电容器薄膜等，培育发展汽车电子、信息家电机电一体化产品

续表

市	发展基础（IT产业）			战略性新兴产业	
	电子制造业（亿元）	软件与信息服务业（亿元）	主要特点	基础性的战略性新兴产业	突破性的战略性新兴产业重点
衢州	60.12		电子元器件和材料产业，主要包拓PCB、LED和太阳能光伏		农业资源管理智能产品、农业生产环境管理智能产品、农产品安全溯源智能产品、光伏产业；PCB下游和手机、笔记本电脑和LED封装上游的单晶片外延、芯片制造项目
丽水			产业基础薄弱，2010年在电子政务软件开发应用、网络游戏增值服务、网络流媒体服务等引进培育多家企业		智能森林生态安全监测、农业资源管理智能产品、农业生产环境管理智能产品、农产品安全溯源智能产品

第四章

面向智慧城市建设的杭州市战略性新兴产业发展

本章主要从面向智慧城市建设的杭州战略性新兴产业优劣势、面向智慧城市建设的杭州战略性新兴产业培育体系等角度分析在智慧城市建设过程中杭州市战略性新兴产业培育的战略目标、重点领域与主要策略。

（一）面向智慧城市建设的杭州市战略性新兴产业优劣势

近年来,杭州市坚持把发展战略性新兴产业作为推动经济转型和产业升级、促进区域经济跨越式发展的重要举措,战略性新兴产业发展势头良好。信息产业、高端装备制造等支撑智慧城市建设的关联产业基础雄厚,通过进一步培育和优化面向智慧城市建设的战略性新兴产业体系将为杭州市新兴产业创新力和竞争力的提升起到非常重要的促进作用。但是,杭州市战略性新兴产业发展也存在一定的问题,主要包括产业布局不尽合理、核心技术能力竞争力不强、风投机制尚待完善、高端人才有所欠缺、研发投入存在不足等劣势。

1. 面向智慧城市建设的杭州战略性新兴产业优势分析

（1）面向智慧城市建设的相关产业在全国处于领先地位,可以率先建设战略性新兴产业链。杭州市具有良好的智慧产业培育基础,支撑智慧城市建设的信息软件、电子商务、物联网等一直保持主力军地位,在全国具有重要影响。新一代信息技术、高端装备制造、节能环保等产业处于国内领先地位,特别是计算机技术、通讯技术和软件技术等新经济类企业异军突起,涌现了阿里巴巴、支付宝、连连科技、网盛生意宝等30多家商业模式创新企业。这为杭州市率先建设战略性新兴产业链提供了较为完善的产业布局。

（2）杭州市物联网产业基础雄厚,为面向智慧城市建设的战略性新兴产业链体系的培育提供了坚实的产业基础。物联网产业是智慧城市建设的产业基石,杭州市具有非常强的竞争优势。2012年杭州市物联网企业主营业务收入超亿元的企业近40家,拥有物联网相关业务的上市公司20余家,160多家销售产值在亿元以下的中小微物联网企业主营业务收入约100亿元,增长25%,形成从关键控制芯片设计、研发,到传感器和终端设备制造,再到物联网系统集成以及相关运营服务的产业链体系。

（3）杭州市智慧城市试点项目成效显著，为面向智慧城市建设的战略性新兴产业提供了应用示范。当前杭州市有两个省级智慧城市试点项目。智慧安监已在电梯物联网的安监系统、散装水泥搅拌车、建筑工地安全生产等领域取得了较好的智慧建设应用成效。智慧城管利用信息融合、网络通讯等现代信息技术，提升城市管理的智能化水平。相对于省内其他20个试点项目，杭州市智慧城市建设试点项目的推进成效较为明显，和中电52所等建设单位的合作较为通畅，为杭州市全面推广智慧城市建设提供了良好的示范。

（4）杭州市面向智慧城市建设的战略性新兴产业的龙头企业具有较强的影响力，可以起到发展示范作用。杭州市拥有中电52所、阿里巴巴、华数、中控技术等一大批具有引领作用的骨干企业，这些龙头企业掌握了一批智慧城市建设的核心技术和应用平台，拥有一批具有自主知识产权的产品。如，阿里云正努力打造互联网数据分享第一平台，成为以数据为中心的云计算服务公司；华数通过建设"媒体云综合运营系统"，不断创新和完善云计算在媒体行业应用的商业模式；中电52所则是省内智慧环保、智慧安监等省级智慧城市建设试点项目的直接建设单位。在这些龙头企业的带动引领下，形成了一批具有较强影响力的智慧城市建设企业和产品品牌。

（5）城市信息化基础设施建设走在全国前列，为面向智慧城市建设的战略性新兴产业发展提供了良好的基础。近年来杭州市的信息化水平不断提高，特别是近年来全面推进"数字杭州"建设，信息化水平总体上走在全国前列。建成了一批智能电网、综合交通、安防监控、智能楼宇、工业控制等方面的智慧基础设施，云计算中心"运营"和"运维"两大核心管理系统开发也取得重大进展。这为面向智慧城市建设的战略性新兴产业发展提供了良好的基础。

（6）面向智慧城市建设的战略性新兴产业发展平台优越，推动战略性新兴产业自主创新能力的提升。"十二五"期间，杭州市以"信息港"、国家级杭州高新技术产业开发区（滨江）、国家级杭州经济技术开发区、省级杭州城西科创产业集聚区、省级杭州大江东产业集聚区为龙头，将园区特色与区域特色有机结合，形成了各园区和区域优势互补、协同发展"一港四区多点"的产业布局。目前，杭州市共建成东部软件园、西部软件园、南部软件园、北部软件园以及东方电子商务园等30个信息服务业特色产业园，有效地促进了信息软件和电子商务的集聚发展。2012年，杭州市省级自主创新示范区、杭州市科技创新服务中心等创新创业平台的建设更是能够为战略性新兴产业自主创新提供强有力的保障。

2. 面向智慧城市建设的杭州战略性新兴产业劣势分析

（1）面向智慧城市建设的战略性新兴产业整体实力有待加强。杭州市面向智慧城市建设的战略性新兴产业高端产品占比并不高,企业和产品规模较小,发展后劲偏弱,与国内外领先地区相比还存在一定差距。存在着产品档次和质量稳定性不高,关键零部件以进口为主,产品研发及售后服务体系相对落后等发展瓶颈。杭州市物联网产业虽然具有先发优势,但也面临技术标准体系不健全、商业模式不成熟、应用成本相对较高及信息保护难等关键问题。

(2)面向智慧城市建设的战略性新兴产业规划亟待顶层设计。杭州市虽然出台了《杭州市智慧城市建设总体规划(2011)》《杭州市战略性新兴产业发展规划(2011—2015 年)》等多部产业发展和振兴规划,但各规划在执行过程中的协调工作较难。特别是面向智慧城市建设的杭州战略性新兴产业发展重点、应用领域、保障措施等方面还存在着重规划轻执行、资源整合共享难等问题。

(3)面向智慧城市建设的重大能级项目偏少。面向智慧城市建设的战略性新兴产业在发展过程中,重大能级项目的引领带动作用十分显著。虽然士兰微电子、聚光科技、浙大网新、东方通信等杭州市企业在物联网技术应用领域取得了重大突破。但相对于其他先进城市而言,杭州市还缺少国家级层面的大型项目,在一定程度上制约了面向智慧城市建设的战略性新兴产业的迅速壮大和产业链的完善。

(4)面向智慧城市建设的战略性新兴产业支撑体系尚待进一步优化。杭州市面向智慧城市建设的战略性新兴产业亟需的人才,尤其是高端领军人才、高级技术人才和高级复合型人才比较短缺。有利于新兴企业成长的风险投资机制还不完善,一批初创型科技企业缺乏风险基金和贷款担保基金的支持。这均在很大程度上影响着战略性新兴产业的从业企业,特别是小微企业的持续发展。

(二)面向智慧城市建设的杭州市战略性新兴产业

围绕杭州市七大战略性新兴产业的重点领域和十大产业的发展现状,结合浙江省智慧城市建设的内涵与任务,我们认为加快面向智慧城市建设的杭州战略性新兴产业布局重点领域在物联网产业、云计算产业、软件与信息服务业、电子商务产业、智能安防产业、智能交通产业、智能环保产业、智能电网产业、智慧医疗产业、智慧新能源、智慧新能源汽车、精准农业与食品安全产业等几大领域,具体见表 4.1。

基于培育这几大类智慧型战略性新兴产业的协同发展可以较快地推动杭州产业经济转型与跨越式发展,从而培育智慧制造、智慧服务和智慧生活协同发展的产业格局。

表 4.1　面向智慧城市建设的杭州市战略性新兴产业培育体系

现有产业	现有产业支撑下的智慧战略性新兴产业	智慧战略性新兴产业的杭州市龙头企业	目前在建的智慧产业重点项目业主（部分）
电子商务	电子商务产业、云计算产业、智慧信息服务业	阿里巴巴（中国）网络技术有限公司、网盛生意宝、连连科技等	阿里巴巴公司、恒生电子、网易（杭州）等
信息软件	智慧软件产业、物联网产业、云计算产业	杭州华三通信、恒生电子、信雅达、威视、中控科技集团等	杭州核新软件、华信邮电、浙江中控、三维通信、华数集团等
物联网	物联网产业、智慧信息服务业、智慧交通产业	大网新科技股份、中电52所、浙江大华、银江股份、杭州联通等	中电52所、华数传媒、浙大网新、银江股份、杭州联通等
先进装备制造	智慧装备制造产业、智慧安防产业、智慧电网产业等	杭州汽轮动力、盾安控股、西子联合控股等	西子联合控股、中控技术（富阳）、西子孚信科技等
生物医药	智慧医疗产业、精准农业、智慧食品安全产业	赛诺菲安万特（杭州）、杭州默沙东制药、正大青春宝、杭州胡庆余堂、银江股份、医惠科技、和仁科技等	杭州海正、杭州民生、银江股份、医惠科技、和仁科技等
新能源	智慧新能源产业、新能源汽车产业	正泰太阳能、杭州福斯特光伏材料股份有限公司等	浙江正泰、东方电气新能源设备（杭州）有限公司、巨易新能源有限公司等
节能环保	智慧环保产业、智慧新能源产业	杭州锅炉集团、杭州宇中高虹照明、浙江环益等	浙江中力、中国节能投资公司、杭州杭钢余热锅炉有限公司、桐庐环保工业有限公司等
新材料产业	智慧新材料产业、智慧新能源产业	浙江正泰太阳能、杭州土兰微、杭州天裕光能等	浙江富春江光电、浙江新安迈图、浙江传化化学等
新能源汽车	智慧交通产业、新能源汽车产业	吉利控股、万向电动汽车、青年莲花、中国重汽集团杭州发动机有限公司等	万向集团、华立仪表集团、吉利控股等

注：现有产业中新材料产业、新能源汽车产业为杭州重点发展的战略性新兴产业，其他 7 大产业均为杭州十大产业。

1. 扶持智慧基础性产业，引领智慧产业的优化布局

（1）物联网产业

战略目标：建立物联网产业发展的政策体系、支撑体系和服务体系，培育物联网全产业链体系，形成国内领先的技术创新区、产业集聚区和应用先行区。培育一批拥有自主知识产权、对产业发展和区域经济增长有重大带动作用的产业群，扶持和聚集一批具有自主创新能力、占领技术高端的物联网企业。

重点领域：以智慧城市建设为导向，实现示范应用、核心产业、关键技术、公共平台协同突破，通过需求牵引、技术推动，进一步完善物联网产业体系。着力发展新型传感器及传感节点研发技术、物联网软件及系统集成技术、物联网应用抽象及标准化技术、物联网共性支撑技术等。推动物联网技术在工业、农业、电力、交通、医疗等领域建设的应用示范工程，为物联网的应用创新和产业发展提供市场环境，培育完整的市场应用服务体系。

（2）云计算产业

战略目标：培育云计算服务提供商与软硬件、网络基础设施服务商以及云计算咨询规划、交付、运维、集成服务商、终端设备厂商等云计算产业生态链。优化全市数据中心规划布局，统筹推进公共性、协同性和专有性等业务应用平台的建设，以智慧云平台的方式开展数据高效采集与整合。

重点领域：选择若干云平台的示范应用行业，培育专门的云应用开发商和云应用产品供应商，推动传统软件行业和信息技术行业基于云计算的应用服务创新示范。加快建设云计算服务平台，发展基于云计算的专用云终端产业、应用软件业、通信增值服务业。支持阿里巴巴、华数传媒等企业加强关键技术研发和产业化，通过服务创新带动技术创新，以电子商务云和数字媒体云辐射全国的示范应用带动上游相关产业、支撑和培育下游的应用服务创新。面向全国开展服务，在互联网领域推动信息消费模式转变，在生产领域推动"两化"深度融合，在政务领域推动公众信息服务网络完善。

（3）智慧软件产业

战略目标：重点发展面向智慧城市建设的软件产业，构建支撑智慧城市建设领域的公共服务平台，打造一批行业应用软件解决方案商和产业集聚区，促进智能终端发展，形成具有一定国际竞争力国际竞争力的解决方案和服务体系。

重点领域：瞄准软件产业发展的网络化、服务化、融合化三大趋势，进一步强化自主创新，在"基础软件、工业软件、行业应用软件、网络与信息服务、集成电路设计、信息安全"等六大领域，掌握关键核心技术，推动传统优势领域向全球价值链高端攀升，在战略性新兴领域构建先发优势占据技术高地。以项目建设为切入点，对关键共性技术研发、产业链整合、协同攻关、重大技改、重大公共平台五大领域的重点项目给予扶持资助，通过关键技术突破、创新资源整合、重大项目带动、服务平台支撑，全力提升企业自主创新能力和产业国际竞争力国际竞争力。

2. 培育智慧新兴产业体系，推动制造业低碳化发展模式

（1）智慧新能源产业

战略目标：重点发展面向智慧城市建设所需的新能源、成套设备等，突出产业链关键共性技术研发，突破核心装备国产化瓶颈，大幅度提高生产工艺水平，加强产业协作配套，推动市场规模化应用，提升产业整体竞争力。

重点领域：重点发展太阳能光伏、风电装备及关键零部件、核能、水能、潮汐能、生物质能、太阳能热发电装备等。构建基于能源生产、储运、应用和再生四环节的信息和能量循环回路，改变传统的能源生产与能源应用方式，并最终向城市、园区和企业提供基于节能减排的区域清洁能源整体解决方案。重点进行光伏发电、生物质能等的智能开发与利用，并且通过研发光电转换技术、新能源存储技术等核心技术提高新能源的利用效率。

（2）新能源汽车产业

战略目标：围绕新能源汽车整车生产项目发展上游关键零部件配套产业，积极打造新能源汽车产业链。大力推进整车与关键零部件的研发，建设成为国内新能源汽车研发、制造和推广应用的重要基地。

重点领域：以市场急需的技术和产品为导向，重点发展新能源汽车整车和关键零部件，突破并掌握一批新能源汽车关键技术，稳步塑造新能源汽车和零部件品牌。突破并掌握动力电池及其控制与管理系统、电机及驱动系统、整车控制系统、加速系统、转向系统及相应支持平台等一批新能源汽车关键技术。重点推进插电式混合动力汽车、纯电动汽车的推广应用和产业化，积极发展清洁能源汽车、燃料电池电动汽车等产品，尽快形成一定的产业规模。在动力电池、驱动电机、电控系统三大领域形成一批具有自主知识产权的创新成果，重点突破锂电池技术。

（3）智慧环保产业

战略目标：建立和完善环境服务业体系，重点发展环境监测评估、环境污染治理设施运营服务。建立市场竞争能力强、结构及布局合理、功能完备的节能环保产业体系，努力建成为国内重要的智慧环保产业发展高地。

重点领域：重点发展节能设备与产品、环保设备与产品、资源循环利用设备与产品、LED新光源和节能环保服务等。围绕生态监测、保护，将无线传感器网络技术、地理信息技术等运用到无人维护、条件恶劣的生态环境监测中。在无需人工干预的条件下实现生态监测、数据存储与交互，提高生态监测实时性、可靠性，扩大生态监测范围，实现环境监测、资料存储与交互，提高监测实时性、可靠性，重点推进水资源、大气环境监测、地下管网监测，实现环境预警和应急响应。

（4）智慧新材料产业

战略目标：瞄准世界新材料产业前沿科技，服务于智慧城市建设的新材料需求，实现新材料产业的智慧化研发和生产。创建一批有持续创新能力的新材料重点技术创新中心，努力建成新材料产业国家高技术产业基地。

重点领域：立足杭州在有机硅材料、光通信材料和纺织新材料等产业优势，重点发展太阳能光伏等新能源材料、有机硅材料、光通信材料、半导体照明材料、电子与微电子材料等，积极发展智慧城市建设需的绿色建材与节能建材、纳米材料、高性能金属材料、高新能纤维复合材料、高分子新材料，在生物基材料、轨道交通材料、海洋工程材料等方面寻求突破。

3．加快传统制造的升级优化，提升智能化服务能力

（1）智慧装备制造产业

战略目标：发展面向智慧城市建设的先进装备制造业和高端制造服务业，拓展装备制造产业链，促进产业集聚发展。加快培育重点企业和重点产品，积极推进与世界500强企业等大企业大集团的战略合作，把杭州市建设国内重要的智慧装备制造业基地。

重点领域：充分发挥杭州市先进装备制造业发展基础和优势，重点发展面向智慧城市建设的智能制造装备、轨道交通装备、涉海（水）工程装备、航空配套装备等关键核心技术及产品。重点引进智慧城市建设所需的关键技术与设备，提升自主创新能力、技术成果产业化，建设一批带动作用强、有利于增强智慧企业发展后劲的项目。积极推进与世界500强企业等大企业大集团的战略合作，重点支持面向智慧城市建设的重大合作项目建设。

（2）智慧安防产业

战略目标：推动智能建筑、智能交通、智能家居、智能环保等领域智慧安防产业链的形成与完善。在智能视频监控、"大数据"环境下视频内容分析、电子巡更等系列产品中打造杭州市智慧安防产品品牌，占据智慧安防产业的高端市场。

重点领域：建立防盗报警系统、视频监控报警系统、出入口控制报警系统、保安人员巡更报警系统、GPS车辆报警管理系统和110报警联网传输系统等一体化产品的智能安防产业链。重点发展视频监控、防盗报警、门禁管理、消防预警及指挥控制等几个大类，通过传感技术、RFID技术、定位技术、地理信息技术与互联网、电信网以及广播电视网相融合，实现面向城市管理、公共安全、智能社区等相关企业和产品的全面发展。

（3）智慧交通产业

战略目标：推进交通各行业间信息共享和交换机制的建立，提高交通信息化对综合交通组织、运行、管理的支撑作用。建立以道路交通为基础、公共交通为核心、对外交通为外延的智能交通框架体系，为公众、交通运输企业和政府部门提供综合交通信息服务。

重点领域：通过多种类异构节点的叠加部署实现信息采集手段的多样性，结合协同处理与模式识别，保证智能交通系统判知和决策的准确性和自动化，减少人工干预工作量和交通管理资源投入。基于云计算和物联网技术建设智能交通信息存储，组织实施基于物联网的泛在交通智能感知和调度系统项目，开发全面智能交通解决方案，实现智能化路况及车辆信息采集，实时车辆管理及引导，提高交通运行效率。重点发展智能交通管理系统、智能车辆控制系统、新型货运系统、自动道路系统、智能公交系统等智慧产品系列。

（4）智慧电网产业

战略目标：搭建以智慧电网为纽带的燃气、自来水、智能小区、智能家居的平台，形成能够管理网络、公共服务设施和基础网络支撑的城市智能化发展。实现清洁能源的大规模灵活接入，提高电网运行的安全稳定性。

重点领域：将云计算和物联网技术融合到智慧电网建设中，实现从电厂、变电站、高压输电线路直至用户终端的智能化管理，实现实时监测、提前预警和自动控制，提高电网运行效率，保障运行安全，提升基础设施精细管理和自动化运营能力。通过智能接入技术、智能控制中心、智能线路、智能变电站、智能需求管理等方面提高电网运作各环节的分散控制和集中控制之间的协调，发展智能配电网、智能表计及智能家电、智能接入技术等相关产品。

4. 发展智慧生活产业，引导数字化生活方式

（1）电子商务产业

战略目标：面向智慧城市建设，不断完善电子商务环境适应和满足电子商务服务和应用需求。对接智慧城市建设，扩大电子商务产业应用规模，为人民创造基于电子商务生活便利条件的应用模式。充分发挥杭州市电子商务产业的集群优势，挖掘电子商务对其他产业的引领和带动作用。

重点领域：推进电子商务技术创新，完善电子商务支撑体系，优化电子商务发展环境，加强面向中小企业的行业性电子商务平台和面向社会服务的综合性电子商务服务平台建设，鼓励中小企业利用公共服务平台、第三方电子商务网站开展电子商务。强化电子商务应用服务模式创新、电子商务云数据中心建设、电子商务云计算平台运营支撑系统建设、云计算操作系统研究开发，增强对全国中小互联网企业和电子商务创意、创新企业的服务支撑，巩固杭州市"中国电子商务之都"的优势地位。

（2）智慧医疗产业

战略目标：建成一批成熟的智慧健康保障应用系统，健康保障体系要取得显著成效。建立统一的数字化集成平台,统一的医疗专业网,统一的数据中心,统一的可共享的居民健康档案,实现全市医疗卫生信息的互联互通和业务协同。培育具有领先水平的智慧健康保障应用和智慧健康产业集群。

重点领域:建立在有效时间内,将最精准的针对性医疗服务带给需要的患者,以信息化推进医患资源的优化流动,助力新医改扎实起程,从而构建"人人享有基本医疗卫生服务"的智慧医疗体系。重点发展区域医疗信息网络、CHAS临床科研信息整合平台、医疗协同平台、基于云计算网络环境的智慧医疗、电子健康档案等智慧医疗产业体系。

(3)精准农业与食品安全产业

战略目标:面向智慧城市建设,发展农业循环经济示范等现代农业综合开发区、特色农业产业基地、都市农业园区。推广应用信息化管理系统,农业专家咨询服务系统和农业电子商务,逐步实现农产品生产、加工、储藏、运输、营销等环节的科学化和智能化。

重点领域:通过发展农产品的智能化培育控制和监控技术,使农业生产实现精细化、远程化、虚拟化、自动化,对农产品的生产、物流、销售等领域进行全面标识与监控,实现农产品的可管、可控、可溯源。支持与推动杭州市精准农业与食品安全相关的全球定位系统、信息采集系统、遥感监测系统、地理信息系统、农业专家系统、智能化农机具系统、环境监测系统、系统集成、网络化管理系统和培训系统等的发展。拓展农业资源管理智能产品、农业生产环境管理智能产品、农产品安全溯源智能产品等的研究与开发。

(4)智慧信息服务业

战略目标:以发展高端、培育新兴、集聚总部为重点,以优化产业发展环境为抓手,推动智慧信息服务业全方位服务于智慧城市建设。实施面向智慧城市建设的信息服务业优先发展战略,成为信息服务业态领域的国内产业高地。

重点领域:重点发展面向公共管理的信息服务、面向产业发展的信息服务、面向社会民生的信息服务的智慧信息服务业新兴业态,特别是互动娱乐、数字出版、专业资讯服务等高端信息服务业态。借助互联网、物联网和智能化设备等高度发达的信息化手段,在城市环境、公共服务、本地产业和全体公民的范围中,将城市的政治、经济、生活和文化等综合信息进行广泛采集和动态监控。通过充分统计、互联和共享,将信息进行智慧地感知、分析、集成和应对,为城市运营和发展提供更好的决策支持和动态管控的能力。

第五章

物联网大规模应用背景下的新兴产业

——基于杭州的实践

　　智慧城市建设是在物联网技术得以大规模应用背景下所出现的城市智慧化发展和经营模式。作为驱动智慧城市建设的战略性新兴产业，物联网产业不仅自身具有非常广阔的发展前景，而且直接影响着其他产业的发展和转型升级。正如第三章和第四章中的论述，物联网产业是智慧城市建设过程中具有基础性作用的战略性新兴产业，同时对其他战略性新兴产业提供发展支撑平台。在智慧建设建设过程中，物联网技术应用广泛，遍及交通、物流、旅游、安防、农产品监控、电网等众多领域。本章在第四章面向智慧城市建设的杭州战略性新兴产业培育体系的基础上，更详细、更具体地分析物联网技术在杭州智慧产业发展中的应用领域、相关技术、相关产品和发展模式。

（一）国内外物联网发展状况分析

　　国际电信联盟于 2005 年正式提出物联网的概念，2009 年欧盟委员会对物联网进行了定义：通过射频识别（RFID）、红外感应器、全球定位系统、激光扫描器等信息传感设备，按约定的协议，把任何物品与互联网连接起来，进行信息交换和通讯，以实现智能化识别、定位、跟踪、监控和管理的一种网络，被誉为继计算机和互联网之后的"第三次信息化浪潮"。

1. 国外主要国家物联网发展的现状

　　后金融危机时代新一轮全球经济发展迫切需要新的驱动力，世界各国纷纷寄希望于技术革命来实现全球经济发展再平衡。目前，物联网经济已成为新一轮全球经济发展的战略焦点，国外对物联网的研发、应用主要集中在美、欧、日、韩等少数国家，随着相关技术的发展，近年来物联网得到战略性的提升，其研发、应用开始得到了极大的扩展。

　　（1）美国：以市场为驱动，着眼于关键技术的研发

　　美国力图通过掌控物联网关键技术，促进物联网的发展来确保国际信息控制地位，美国在物联网产业上的优势正在加强与扩大。美国在大范围内进行信息化

战略部署新一代互联网,各美国大学对于传感器的研究获得了很大的成果,各种无线传感技术标准主要由美国所掌控。国防部的"智能微尘"、国家科学基金会的"全球网络研究环境"等项目提升了美国创新能力,由美国主导的 EPCglobal 标准在 RFID 领域中呼声最高,德州仪器、英特尔、IBM、微软在通信芯片及通信模块设计制造上全球领先。

（2）欧盟：以基础实力为支撑,加大政府管理权重

在物联网竞争中,欧盟有着雄厚的技术和资金实力做竞争力支撑,并在国家政策里给予了强大的支持。2006 年 9 月,欧洲信息社会大会以"i2010——创建一个无处不在的欧洲信息社会"为主题,将"电子欧洲"发展战略正式向"无处不在"的物联网转变。2009 年 6 月 18 日,欧盟委员会出台了题为"Internet of Things-An action plan for Europe"的物联网行动方案,方案中描绘了物联网技术应用的前景,并提出要加强欧盟政府对物联网的管理,消除物联网发展的障碍。同时,欧盟网络企业和 RFID 司官员 Peter Friess 透露,欧盟将会尽快统一制定物联网标准,以加快物联网产业在欧洲地区的发展。

（3）日本：实现战略、技术、产业和经济的融合发展

日本物联网的发展主要经历了一个以战略来推动物联网从基础设施建设进入到应用推广的过程。日本政府在制定了 e-Japan 国家信息技术发展战略后,2008 年又提出了"u-Japan xICT"政策,将重心从单纯关注居民生活品质提升拓展到带动产业及地区发展,通过各行业、地区与 ICT 的深化融合,进而实现经济增长的目的。2009 年 7 月,日本 IT 战略本部颁布了新一代的信息化战略——"i-Japan",提出到 2015 年,透过数位技术达到"新的行政改革",使行政流程简化、效率化、标准化、透明化,同时推动电子病历、远程医疗、远程教育等应用的发展。

（4）韩国：全面推广应用,完善物联网基础设施

目前,韩国的 RFID 发展已经从先导应用开始全面推广;而 USN 也进入实验性应用阶段。韩国 RFID 技术已与 2007 年被采用为国际标准,国内上下已经开始了射频设备的部署。自 1997 年起,韩国政府出台了一系列推动国家信息化建设的产业政策。韩国政府最早在"u-IT 839"计划就将 RFID/USN 列入发展重点,并在此后推出一系列相关实施计划。2009 年 10 月 13 日,韩国通过了《物联网基础设施构建基本规划》,计划在 2013 年之前创造 50 万亿韩元的物联网产业规模。同时,韩国通信委员会也树立了到 2012 年"通过构建世界最先进的物联网基础实施,打造未来广播通信融合领域超一流 ICT 强国"的目标。

2. 国外物联网对产业发展的意义和趋势

物联网技术及其产品的迅速发展已给相关产业的发展带来了许多改变,通过物联网的推广与应用将对现代产业体系产生巨大的影响。

（1）物联网带来庞大的产业集群效应

据保守估计，传感技术在智能交通、公共安全、重要区域防入侵、环保、电力安全、平安家居、健康监测等诸多领域的市场规模均超过百亿甚至千亿。权威机构预测，到2020年，物物互联业务与现有人人互联业务之比将达到30：1，物联网产业将有可能成为下一个万亿级的产业。美国《福布斯》杂志评论未来的物联网将比现有的Internet大得多，市场前景将远远超过计算机、互联网、移动通信等市场。

（2）物联网引领着又一场科技革命

物联网使物品和服务功能都发生了质的飞跃，这些新的功能将给使用者带来进一步的效率、便利和安全，由此形成基于这些功能的新兴产业。物联网需要信息高速公路的建立，移动互联网的高速发展以及固话宽带的普及是物联网海量信息传输交互的基础。依靠网络技术，物联网将生产要素和供应链进行深度重组，成为信息化带动工业化的现实载体。

（3）物联网为全球经济的复苏提供技术动力

2007年全球物联网市场规模达到700亿美元，2008年达到780亿美元，2012年将超过1400亿美元，年增长率接近20%。其中，微加速度计、压力传感器、微镜、气体传感器、微陀螺等器件也已在汽车、手机、电子游戏、生物医疗、传感网络等消费领域得到广泛应用，大量成熟技术和产品的诞生为物联网大规模应用奠定了基础。目前，加拿大、英国、德国、芬兰、意大利、日本、韩国等都在投入巨资深入研究探索物联网。

（4）物联网推动经济社会和创新形态的变革

物联网的发展是以移动技术为代表的普通计算和泛在网络发展的结果，带动的不仅仅是技术进步，而是通过应用创新进一步带动经济社会形态、创新形态的变革，推动面向知识社会的下一代创新形态的形成。开放创新、共同创新、大众创新、用户创新成为知识社会环境下的创新新特征，技术更加展现其以人为本的一面，以人为本的创新随着物联网技术的发展成为现实。

3. 国外物联网推动产业发展的典型案例：欧洲物联网行动计划

（1）《欧洲物联网行动计划》特点

首先，此次行动计划系统地提出了物联网发展和管理设想，属世界范围内首次。此次日本、韩国、欧盟等都提出了泛在网的发展规划，其中也都有部分内容属于物联网，但没有专门针对物联网的规划。

其次，管理体制的制定、安全保障和标准化制定是本次行动计划的重点。物联网概念一产生，安全性等问题一直是人们讨论的重点，此次行动计划中涉及安全问题的行动计划最多，包括加强对物联网的数据保护立法、保护公民应该能够读取并销毁基本的 RFID 标签、建立政策框架使物联网能够应对信用。

再次,RFID 技术被列为欧洲发展的重点。物联网概念在提出的时候涉及很多技术,包括 RFID、传感网络以及其他通信技术。但 RFID 技术目前是最成熟的,除了标准化之外,在全球已经应用到了各个角落,因此欧盟本次计划将 RFID 技术作为部署的重点。

（2）《欧洲物联网行动计划》存在的问题

① 行动计划与运营商的物联网发展状况脱离。目前欧洲企业级别的物联网市场已经初具规模,并正在迅速发展,运营商之间也已经形成业务竞争关系,但行动计划书中并没有提到这些基于移动通信的物联网的内容,不免与实际有些脱离。

② 技术范围窄。虽然欧盟提出了详细的行动计划,包括机对机通信技术等。但整个行动计划仍然是以 RFID 为主,其他技术比如传感器网络、移动通信基本没有提及。另外,RFID 技术在应用上具有一定的局限性,比如以被动读取为主,通信距离短等,在一定的应用场景下,物联网的传感器和控制器仍然是必须的。

（3）对中国物联网产业发展的借鉴

欧盟此次物联网行动计划的提出,旨在推进欧洲物联网发展,成为全球物联网领域的领跑者。中国物联网发展已经起步,并得到了国家的高度重视,相关战略发展规划也在制定之中,我们需要借鉴欧盟行动计划中的全局性、全面性和全员性等优势特点,结合中国特色,为我国物联网产业的发展制定出更具前瞻性和针对性的政策。

4. 国内物联网应用与产业发展概况

物联网技术已经被列入我国战略性新兴产业的核心突破领域。我国早在 1999 年就开始无线传感器网络及其应用研究,目前在技术研发和标准制定领域已走在世界前列,成为世界上为数不多的能够实现产业化的国家。国家自然科学基金、国家"863"计划、国家科技重大专项等科技计划中已部署物联网相关技术研究。在芯片、通信协议、网络管理、协同处理、智能计算等领域组织开展了技术攻关,并已取得了初步的成果。我国在 IEEE 短距离无线通信、3GPP 移动网络优化、ISO/IEC 物联网体系架构标准研究等方面已实现局部突破。国内成立了传感器网络标准工作组、泛在网技术委员会,正在开展传感器网络接口、标识、安全、传感器网络与通信网融合发展、泛在网体系架构等相关技术标准的研究。物联网已在我国公共安全、民航、交通、环境监测、智能电网、农业等行业得到初步规模性应用,部分产品已打入国际市场。智能家居、智能医疗等面向个人用户的应用已初步展开,积极推动物物互联的新业务,寻求全新突破。

当前,国家发展改革委、工信部、财政部、科技部等部委也在加紧研究制定物联网技术及产业发展规划，推进物联网产业基地建设，积极为物联网产业发展营造良好宏观环境。中国物联网的区域发展环境已经初步形成，长三角地区物联网产业培育和发展领跑全国特征明显。全国多数省份，如江苏、北京、上海、广东、福建、山东、浙江、重庆等信息产业较为发达的区域也在积极制定和完善详细的区域发展规划，力推物联网产业的发展。

（二）应用物联网优化杭州现代产业体系的背景与基础

1. 应用物联网优化杭州现代产业体系的背景和意义

（1）杭州市迫切需要培育新的经济增长点，物联网产业是杭州市战略性新兴产业的重要组成部分和增长引擎。目前杭州市着力构建"3＋1"现代产业体系，力争率先迈入以高新技术产业为支撑、以现代服务业为主导的后工业化时代。发展战略性新兴产业对杭州市是重大机遇，也是重大挑战，直接关系到能不能打造新一轮经济增长极，实现科学发展、转型发展和跨越发展。大力发展新型都市工业、高新技术产业、现代服务业和文化创意产业是杭州市加快推进产业结构调整升级，建立现代产业体系的重要内容。

（2）杭州市传统产业转型升级任重道远，物联网应用是杭州市构建现代产业体系提升产业竞争力的强劲动力。由于人民币升值等因素，生产成本包括劳动力成本大大提高，使原来有可能在杭州生存发展的一些中小型传统企业面临在杭州失去生存和发展的机会。杭州大部分企业属于传统产业，又以中小企业为主，资本实力较弱，产品附加值较低，管理较粗放，抗风险能力也就相对较弱。物联网技术应用广泛，遍及智能交通、智能安防、食品安全、智能电网等多个领域，是推进产业转型升级的突破口之一。推进物联网产业的发展，对于加快杭州工业转型升级，努力发展新兴产业，走产业高端化道路具有重要的战略意义。

（3）杭州市自主创新能力有待提升，物联网应用是杭州市建设创新型城市的重要途径。近年来杭州市高新技术产业比重和工业新产品产值增长不快，企业研发投入占销售收入的比重偏低，缺少核心技术、自主知识产权和知名品牌。由于自主创新能力不强，产业附加值不高，经济发展受制于人。必须把提高自主创新能力作为发展的核心，逐步形成以科技进步和创新为基础的新竞争优势。杭州市应抓住物联网发展的有利时机，通过促进企业转型，嫁接物联网技术，引进新的技术和专利，参与并推进物联网的产业链，打造一批高精尖、适用力强的企业。同时，产业链上的相关企业可以寻找到相关发展机会，通过自主创新和引进技术消化吸收相结合，促进创新型城市建设。

（4）杭州市节能减排和生态建设任务艰巨，物联网应用是杭州市打造低碳经济的现实需要。作为低碳经济革命的技术创新之一,通过物联网的应用可实现节能减排,发展低碳经济。杭州市可以依靠物联网技术将生产要素和供应链进行深度的重组,以实现投入更少、成本更低和效率更高的发展,以及更少物耗、更多绿色、更加智能化的工业化。如物联网在智能电网中的运用,融合了新能源与节能环保两大新兴产业,能源利用的高效、清洁、低碳可以得到充分体现;随着智能交通、智能物流、智能旅游等的应用,杭州将成为智能旅游休闲之都。物联网技术的广泛应用,有助于打造低碳、节能、绿色、环保、高效的新型企业和社会环境,杭州市的生活品质将大大提高。

2. 杭州市物联网产业发展与应用基础

杭州市是国内物联网技术研发和产业化应用研究的先行地区之一,位处全国物联网产业发展的"第一方阵",在产业基础、技术研发与应用以及网络资源等方面已形成一定领先优势,为下一阶段推进物联网产业发展奠定了良好基础。截至2009年年底,杭州市已集聚物联网及相关企业近80家,年产值超210亿元,基本形成从关键控制芯片设计、研发,到传感器和终端设备制造,再到物联网系统集成以及相关运营服务的产业链体系。截至2009年年底,杭州市物联网企业已拥有相关专利及软件著作权160余项,其中发明专利56项。其中,杭州市在无线传感器网络技术研究、射频识别技术(RFID)开发与终端设备制造以及传感元器件设计制造等物联网前端领域已形成初步优势,汇聚了20余家相关企业,年产值超60亿元;主营业务涉足物联网网络集成、系统解决方案提供以及网络运营和信息服务领域的企业有30余家,总体收入接近50亿元,并涌现出多家在智能安防、智能交通、智能医疗、智能电网领域具有影响力的企业。

杭州市物联网企业和科研机构已在智能电网、节能减排、安防监控、环境监测等领域成功实施了一批物联网技术应用项目,积累了一定技术应用和服务经验。杭州海康雷鸟信息技术有限公司自主开发的基于无线传感网的输电线路在线监测系统已经在南方电网和国家电网得到了实际应用;杭州家和智能控制有限公司与省建筑科学研究院合作开发的建筑大楼能耗监测系统,也已在省内15个酒店建筑中应用;中正生物成功将嵌入式指纹识别感应技术广泛应用于电子政务、电子商务和金融机构门禁门锁领域,成为国内领先的生物识别设备供应商;杭州中芯微电子有限公司开发的微功耗远距离RFID产品已应用于省内监狱服刑人员生命体征监控、定位系统领域;杭州电子科技大学射频电路与系统重点实验室开发的基于无线传感器网络技术的"绿野千传"天目山森林生态保护项目已进入实地部署阶段,实施成功后,有望成为全球规模最大的实际部署的民用传感器网络平台。

杭州市已拥有大容量程控交换、光纤通信、数据通信、卫星通信、无线通信等多种技术手段的立体化现代通信网络。不断推进中的 3G 通信网络又为物联网信息传输增添新平台。另外，杭州市数字电视网络建设领先全国，是杭州市网络资源的又一大优势。华数数字电视传媒集团在国内率先构建由宽带互联网、无线宽带城域网、数字电视网、视频监控网为一体的基础网络平台，并已成功推出"全媒体华数眼"、"华数家庭智能终端"、"全媒体智能检索"等基于物联网技术的信息服务产品，已具备大规模物联网运营能力。

（三）物联网对杭州产业转型升级的重要影响与应用领域

大力推动物联网技术在传统产业中的应用，是改造提升传统产业、提高工业信息化水平、促进发展方式转变的重要手段，对推动我国产业结构调整和转型升级、推进两化融合具有重要的战略意义。对于杭州市部分传统企业，可将物联网应用集成至自身的产品中，以实现产品升级，提升附加值与市场竞争力，企业自发的发展将产生更多物联网产业相关的延伸产业。通过应用物联网可以提升该产业的竞争力及消费者的满意度，如物联网在农产品监控与食品安全检测中的应用。在现代金融物流模式的概念提出后，杭州市有潜力却苦于从银行贷不到款的中小企业可以寻找到扩大贷款的机会，可以说基于物联网技术的金融物流可以拯救许多在金融危机后摇摇欲坠的中小企业，激励中小企业进行自主创新，从而提升杭州市传统产业的竞争力。杭州市的物流业可以凭借物联网，通过高科技手段和新媒体手段，做得更加透明化和高效率。在物联网技术支持下，物流行业的快递、第三方物流和运输等分工可能被新技术融合。当初大大小小的物流公司的兴起正是由于有"电子商务之都"的称号的杭州对电子商务业的大力发展，如今物联网的应用可以使杭州市的现代物流业迈入一个全新的时代，现代物流业的繁荣发展又可以反过来促进杭州市电子商务业的更大进步，可以说现在杭州市的电子商务业与现代物流业是相辅相成、密不可分的，这样杭州市发挥了自身电子商务业中的优势又可以打造杭州市物流中心的地位。智能旅游的出现亦能使杭州这座全国闻名的旅游城市更好地发挥自身优势，从而带动其他产业的发展。而智能交通的运用，无论在市民日常出行还是在旅游业、现代物流业都扮演着举足轻重的角色。随着物联网的深入应用，现代服务业和文化创意产业在杭州市产业体系中的比重将大幅提升。

本节主要从智能物流、智能旅游、农产品生产监控和智能养老护理等领域分析物联网发展杭州传统产业的影响，着重分析物联网在传统产业体系中的应用领域、相关技术、相关产品、发展模式。

1. 智能物流

智能物流是指货物从供应者向需求者的智能移动过程，包括智能运输、智能仓储、智能配送、智能包装、智能装卸以及智能信息的获取、加工和处理等多项基本活动。将 RFID 技术、定位技术、自动化技术以及相关的软件信息技术集成到物流信息系统领域，实现对物流系统的实时跟踪、精准管理、安全控制，提高物流效率、节约物流成本，助推物流业走向高端服务业。智能物流主要表现在物流信息的横向整合和纵向整合，前者提供的是物流中的标准化服务，如仓储、运输、货代、快递等；后者提供的是专业化、个性化的服务，如汽车供应链、家电供应链、服装供应链等的整体解决方案。杭州市通过发展智能物流，能更好地促进物流业的发展和解决物流业中的问题，对发展国际保税物流，电子商务型物流，专业市场配套物流，都市快递物流等有显著影响。同时，目前发展物联网产业基本留在电子标签和传感器的生产加工上，处于产业链和价值链的低端。杭州市围绕经济发展过程中的具体问题，积极探索物联网产业化的商业模式，物流金融是物流服务和金融服务相结合的一种新型的物流增值服务模式，而结合物联网技术的现代金融是解决杭州市中小企业融资问题的一种新型商业模式。在智能物流产业领域中，杭州市相关企业的技术研发和产业化应用研究能力较强，杭州物网科技有限公司、杭州中芯微电子有限公司、杭州星软科技有限公司等为杭州市基于物联网技术的智能物流产业发展打下了良好基础。

（1）利用物联网技术发展智能物流的机会和困难

从技术层面来讲，物联网能够促进物品在物流过程中的透明管理，使得可视化程度更高。物流领域运用物联网技术，也使得运输过程中数据的传输更加正确、及时，便于交互。物联网技术对物流行业整体管理水平的提升，将起到很好的推动作用。

第一，利用物联网技术提高物流的信息化和智能化水平。信息化和智能化是物流发展的必然趋势，随着人工智能技术、自动化技术、信息技术的发展其智能化的程度将不断提高。它不仅仅限于库存水平的确定、运输道路的选择、自动跟踪的控制、自动分拣的运行、物流配送中心的管理等问题，而且物品的信息也将存储在特定数据库中，并能根据特定的情况做出智能化的决策和建议。

第二，利用物联网技术降低物流成本和提高物流效率。利用物联网技术使得采集信息更加高效，物流工程更加通畅，降低了物流成本，提高了物流效率。举例来说，目前盛行的条形码，人工读取一个需要十秒钟的时间，机器读取则为两秒，而采用电子标签及射频技术读取只需要 0.1 秒的时间。而且特别是在国际贸易中，物流效率一直是制约整体国际贸易效率提升的关键环节，RFID 物联网技术的应用将极大地提升国际贸易流通效率。如在集装箱上使用共同标准的电子标签，装卸时可自动收集货物内容的信息，从而缩短作业时间，并实时掌握货物位置，提高运营效率，最终减少货物装卸、仓储等物流成本。

第三，利用物联网技术提高物流活动的一体化。智能物流活动既包括企业内部生产过程中的全部物流活动，也包括企业与企业、企业与个人之间的全部物流活动等。智能物流的一体化是指智能物流活动的整体化和系统化，它是以智能物流管理为核心，将物流过程中运输、存储、包装、装卸等诸环节集合成一体化系统，以最高效率向客户提供最满意的物流服务。比如，基于感知的货物数据可建立全球范围内货物状态监控系统，提供全面的跨境贸易信息，货物信息和物流信息跟踪，帮助中国制造商、进出口商、货代等贸易参与方随时随地地掌握货物及航运信息，提高国际贸易风险的控制能力。

利用物联网发展智能物流有诸多优势，但是物联网技术初现端倪，还没有达到统一的标准，在利用物联网技术发展智能物流过程中还存在一些劣势，表现如下：

第一，物联网技术发展智能物流成本很高，前期投入很大。杭州市物流产业还处于传统物流的范畴，很多中小型物流公司只是简单的一些车队，没有相关的信息设备，也没有适当的物联网技术应用人才。在物联网技术成为通用技术之前，要投入大量的人力和财力，来实现现有的系统升级换代。而且为了真正实现智能物流，必须向处于产业链上下游的制造业和零售业推广了物联网技术，初期的成本很高。特别是在物流业中利润低的领域，成本成为物联网普及的第一障碍：无论是电子标签，还是条形码，无疑都会增加企业的成本，如若没有强烈需求，企业很少会去主动应用。因此，目前，即使有应用物联网技术的，也主要集中在行业利润较高和单件物品价值较高的领域。

第二，物联网技术的安全性限制智能物流发展。发展智能物流的物联网技术有条码、传感、视频等技术限制，表现在两方面：一方面是数据读取的可靠性，目前识别技术还没有完全成熟，在数据的读取方面受到环境等因素的限制还比较严重；另一方面是数据本身的信息安全，识别技术读取的数据要经过网络的传输，网络本身的信息安全使得智能物流的发展存在网络风险。

（2）利用物联网技术发展智能物流的应用领域

利用物联网发展智能物流的领域比较广泛，利用传感技术、FRID技术、二维条码、定位技术以及各类监控设备、显示设备，开发和实施智能仓储物流系统、智能监控物流系统和物流配送智能优化调度系统，打造杭州智能物流平台。物联网技术发展智能物流的领域非常广泛，主要包含智能运输管理系统，基于RFID智能仓储管理系统，智能配送管理系统，智能包装系统和基于RFID物流安全系统、智能质押品监管、智能保兑系统等，如图5.1所示。

智能运输管理系统：将先进的信息技术、数据通讯传输技术、电子控制技术以及计算机处理技术等有效地综合运用于整个运输管理体系而建立起的一种在

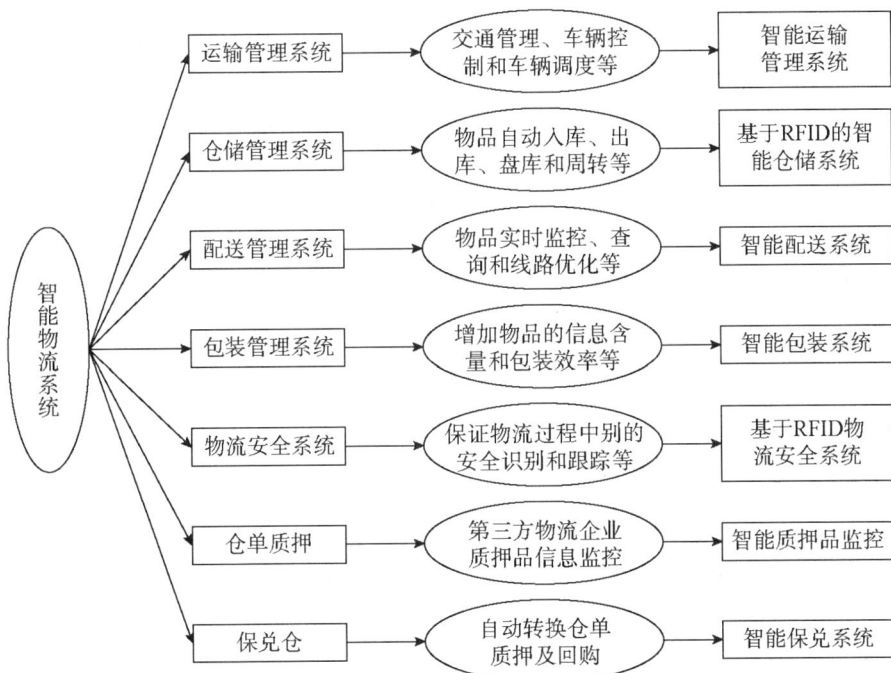

图 5.1　物联网技术在物流领域的应用

大范围内、全方位发挥作用的，实时、准确、高效的综合运输管理系统。包含交通管理、车辆控制、车辆调度等子系统。

基于 RFID 智能仓储管理系统：将标签附在被识别物品上的表面或内部，当被识别物品进入识别范围内时，RFID 读写器自动无接触读写。包含自动出库系统、自动入库系统、自动盘库系统、自动周转等子系统。

智能配送管理系统：以 GIS、GPS 和无线网络通信技术为基础，服务于物流配送部门。包括实时监控、双向通讯、车辆动态调度、货物实时查询、配送路径规划等子系统。

智能包装系统：利用 RFID、材料科学、现代控制技术、计算机技术和人工智能等相关技术，增加物品的信息以便追踪管理，提高包装效率。

基于 RFID 物流安全系统：利用互联网、PFID 等无线数据通信等技术，实现单物品的识别和跟踪，保证商品的生产、运输、仓储和销售全过程的安全和时效。

智能质押品监管：融资企业把质押商品存储在第三方物流企业的仓库中，然后向银行申请授信，银行根据质押商品的价值和其他相关因素向企业提供一定比例的授信额度。物联网技术可以使银行随时对质押品信息进行监管。

智能保兑系统：中小企业向合作银行交纳保证金，合作银行承兑（收款人为中小企业的上游生产商），生产商在收到银行承兑信息开始向第三方物流企业的仓库发货,货到仓库后转为仓单质押。物联网技术的应用可随时掌握以上任何环节的异常情况,必要时上游生产商可以回购质押货物。

（3）利用物联网技术发展杭州市智能物流的产业布局

2008 年,预计全市物流业增加值 518 亿元,增长 11%;物流总额 1.57 万亿元,增长 12.5%。到 2008 年年底,全市物流企业共 2659 家,主营业务收入 211 亿元。2008 年全市第三产业实现增加值 2213 亿元,同比增长 13.8%,其中物流业实现增加值 518 亿元,占服务业增加值比重 23.4%,物流业对全市经济增长的贡献率不断提高。2009 年杭州市铁路、公路和水运等运输方式完成货物周转量4918.5 亿吨千米,比上年增长 0.7%。杭州市共有物流企业 2659 家,具有一定规模的 2A 级以上物流企业 17 家,其中,5A 级企业 1 家、4A 级企业 4 家、3A 级企业 7 家。浙江省传化物流基地有限公司被评为 5A 企业,浙江省八达物流有限公司、杭州第一汽车运输有限公司、浙江物产物流投资有限公司、浙江长运物流有限公司被评为 4A 企业。

近年来,杭州市一直致力于物流信息化和智能化建设,主要从表现在:一是基础环境建设;二是物流公共信息平台建设;三是企业或机构内部信息系统建设。杭州物流信息化也取得了显著的成绩,一大批物流企业发展起来,与物流相关的电子政务平台如电子口岸系统、危险品运输监管系统等也开始投入应用。技术层面上物流条形码（BC）、电子数据交换（EDI）、管理信息系统（MIS）、射频技术（RF）、全球定位系统（GPS）、企业资源计划（ERP）等物流技术得到普及和应用,大批物流企业得到了长足的发展,如浙江传化物流基地有限公司,杭州口岸国际物流有限公司,杭州富日物流有限公司等。

杭州市将通过政企合作,企业主导,将 RFID 技术、定位技术、自动化技术以及相关的软件信息技术集成到物流信息系统领域,实现对物流系统的实时跟踪、精准管理、安全控制。杭州物网科技有限公司建立的超高频 RFID 医药信息仓储系统,杭州中芯微电子有限公司建立的饮料产品物流仓储管理,杭州星软科技有限公司建立的星软物联通物流信息服务平台等推动了杭州市智能物流的发展。杭州市可选择以下符合自身特点的重点产业和重点产品,如图 5.2 所示。

智能运输产业:智能运输产业集卫星技术、信息技术、数据通信传输技术、电子控制和计算机技术等当今世界最先进技术之大成的全新高科技产业,主要包含由先进的交通管理系统、出行信息服务系统、商用车辆运营系统、电子收费系统、公共交通运营系统、应急管理系统、先进的车辆控制系统等系统构成。具体涉及产品有 RFID 设备,GPS 导航,电子地图,停车场管理,GIS 城市交通信息平台,车载专用短程通信设备等。

智能物流仓储产业:主要针对物流仓储管理的实际需求,涉及从物品的收

产品系列	杭州市产业化基础	预期产业化的时间	产业化的发展前景
感应器产品	++	2年	☆☆☆
GPS定位仪	+++	1年	☆☆☆☆
读卡器	++	2年	☆☆☆
无线电接收设备	+	2年	☆☆☆
智能物流公共平台相关产品	++	3年	☆☆☆
智能物流园区相关产品	++	2年	☆☆☆
在途质押系统	+	3年	☆☆☆
智能保兑技术	++	2年	☆☆☆

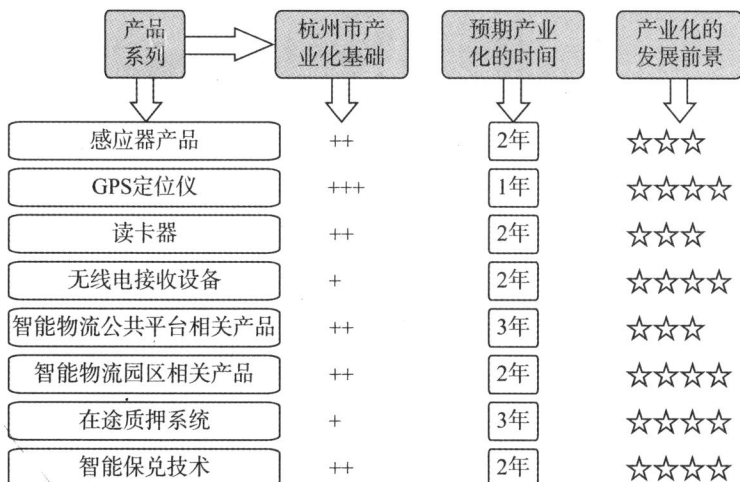

图 5.2　杭州市利用物联网发展智能物流的重点产品

货、入库、盘点、配装、出库、运输等各个环节都处理。目的是简化了管理流程、降低了人员的劳动强度和管理成本，提高了生产效率和市场竞争力。主要涉及的产品电子标签，固定读卡器，手持读卡器，叉车读卡器，托盘电子标签，RFID，无线通信产品。

智能物流公共平台产业：主要针对解决物流工程中的一体化和数据共享问题，采用 RFID 技术、无线技术、传感器技术、数据挖掘及人工智能技术，提供信息共享平台，解决多式联运，对外物流和物流信息的交换，提高物流一体化。智能物流公共平台产业主要包含构建物流平台，共享数据，协调物流运输，提高物流效率缩短时间。

智能物流配送产业：主要针对物流管理过程的物流过程的透明化，实时监控物品，车辆调度，线路的优化和选择，保证物品安全和物流信息的及时性。主要利用条码技术、RFID 射频识别技术、GIS/GPS 技术、安全防范技术、信息保密与存储技术等技术。主要包含产品有 GIS、GPS 定位仪、无线传输设备、传感终端等。

金融仓储产业：一般的仓储具备存放、配送、保管、维护等功能，而金融仓储是专业服务于金融业务的仓储活动，是金融业与仓储业交叉创新的结果，是现代产业融合与创新的产物。从发达国家的信贷运行来看，应收账款担保融资和动产担保融资是短期贷款的最主要方式，分别约占短期贷款的 50% 和 30%，而杭州市目前占金融机构贷款余额的比重不到 1%。与此相对应的是，杭州市企业动产的稳定性库存量很大，约占金融机构贷款余额的 20% 以上，动产抵质押贷款需求市场十分庞大。物联网技术在金融仓储业的应用，能为金融仓储产业构建良好的技术基础和发展生态，其内容主要包括：一是动产抵质押存放、保管与价值评估；二是动产抵质押价值标准设计,如标准仓单设计,为银行开展动产抵质押贷款业务做好基础服务;三是动产抵质押品价值动态监控与风险提示,包括对金融仓储企业专用仓库中抵质押品价值监控和借款企业自身仓库中的远程抵质押品价值监控,结合相关大宗商品的国际、国内价格走势,向贷款银行及借款企业出具抵质押品价值动态监控报告,并对相应的风险进行揭示。

(4)杭州市智能物流的典型产业发展模式:基于 EC 环境的智能物流配送

杭州市享有"电子商务之都"称号,电子商务发展良好,拥有阿里巴巴网、淘宝网、酒水网、化纤网等一批国际、国内大型电子商务网站,积极发展 EC 环境下智能物流意义重大。基于 EC 环境下的智能物流配送系统是物联网技术与智能配送系统的有机结合。包含配送信息资源收集系统、配送设备进行监控的智能系统、配载和送货路径规划以及优化系统、对客户进行服务的智能系统。

配送信息资源收集处理系统:系统可以通过多种途径收集客户信息,包括:上门取货信息、送货信息、配送信息等。这些信息通过信息收集系统进行归类整理,确定信息类别,系统根据不同信息类别的处理流程自动将信息分发到不同的职能部门,其中大量的信息被分发到车辆调度系统中。配送设备进行监控的智能系统:建立智能化的移动信息系统,通过系统将移动的车辆信息纳入信息网,并将该系统和地面信息系统构成一个整体,将合同信息、路线信息、车辆信息和行驶信息进行收集、储存、交换、处理,随时了解车辆所在位置,帮助物流中心人员做好车辆调度。配载和送货路径规划以及优化系统:货物要求要尽早地将货物交到客户手中。因此,货物的配载和送货路线的规划是每天配送业务的开始。货物配载和送货路线规划是紧密联系在一起的,货物配载必须根据车辆的行驶路线来分配,而车辆行驶的路线是根据运送货物的地理位置分布来确定的,这里利用地理信息系统的地理编码和路径规划功能和智能交通系统 GPS 的车载定位功能根据实时路况信息分析出每辆车的最佳行驶路线,确保在配送车辆的行驶达到路径、效率最优。可以在最短时间,最大程度地将所有沿途货物送达客户处,避免由于派送的时延而带来的多次派送和成本增加。对客户进行服务的智能系统。建立一个完善的客户管理系统,将客户的有关信息纳入数据库,对配送信息资源收集处理系统中得到的信息通过智能化的计算机处理,对各类信息存储、记忆、分析,为以后作业流程改进、提高顾客满意度和 EC 环境下智能物流配送系统。

2. 智能旅游

物联网技术应用于旅游产业可加快旅游信息化,突破传统旅游产业的瓶颈,一直以来,旅游信息化和智能化很长时间都停留在口号上,没有真正实现旅游的智能化。将传感器技术、RFID 技术、定位技术等物联网技术运用到旅游景点信息管理、商场酒店信息管理、智能导游、电子地图以及特色名优产品防伪等领域,为消费者提供更为便捷、安全的服务,优化城市商务、旅游环境,进一步提升旅游的信息化和智能化。在智能旅游产业领域中,杭州市利用现代化技术手段已经开展了"金旅工程",建成了"三网一库"即:杭州旅游网、杭州市旅游政务网、内部办公自动化网和旅游综合数据库。2012 年西湖景区开始实施"电子智能导游",西湖雷峰塔实施了电子门票系统,为旅游信息化和智能化打下了基础。

(1)利用物联网技术发展智能旅游的机会和困难

借助 3G 技术、传感技术、RFID 以及宽带互联网技术,在旅游景点、宾馆、饭店、商场以及旅游产业的各个方面,人们都可以通过随时随地、高速畅通的网络,实现信息导航、预订、旅游人口流动管理等多种功能,为更多的旅游者提供个性化、便捷化的信息服务。

第一,利用物联网技术增强了旅游的便利性。物联网技术的进一步发展,旅游变得更加的方便。从旅游地点的选取,旅游线路的规划,旅店的订购到参观景点利用到的景区电子门禁系统、景区电子售票系统、景区监管信息系统,最终实现一体化和一卡通。物联网技术的应用真正使得物流向信息化和智能化方向发展,增强了旅游的便利性。

第二,利用物联网技术更好地整合旅游资源。物联网技术的应用于旅游产业,更好地解决了旅游资源的整合,特别是信息资源。比如,杭州目前几乎所有的旅游网站都千篇一律地泛泛介绍同样的旅游景点、线路、饭店等。而旅游网站要想成功只有两条路,或以价格取胜,或针对专题市场以差异取胜。企业建立了无数的旅游网站,但每个网站各自为政,基本上还是一个个的信息孤岛,相互间缺乏资源共享的机制,因而无法从根本上提高整个行业的工作效率。应用物联网技术可以景区信息、旅店信息、交通信息都集成共享,并为不同的消费者提供不同的信息支持和建议,适时地了解旅游的相关信息。

利用物联网技术发展智能旅游存在诸多优势,但是也有这样那样的因素制约智能旅游的发展,具体表现如下:

第一,利用物联网技术发展智能旅游基础设施投入巨大。智能旅游涉及旅游的方方面面,包含智能景区、智能旅店、智能旅行社。甚至涉及到智能交通相关领域,前期的投入成本巨大。

第二,利用物联网技术发展智能旅游,但人才和技术的缺乏,项目就达不到预想的效果。原来在提出旅游信息化建设时,很多好的想法没有办法实现,归根到底,是没有相关的技术人才做支撑。现在全国在实施的智能景区中,九寨沟的"数字九寨"设想很好,重视硬件忽视软件,投入很大却没有取得预期效果。

(2)利用物联网技术发展智能旅游的应用领域

利用物联网技术发展智能旅游的领域十分广泛,主要集中发展智能景区、智能旅店和智能旅行社。包括智能酒店管理系统、景区 RFID 智能票系统、景区智能远程视频监控系统、智能导游系统和智能旅行社系统等，如图 5.3 所示。

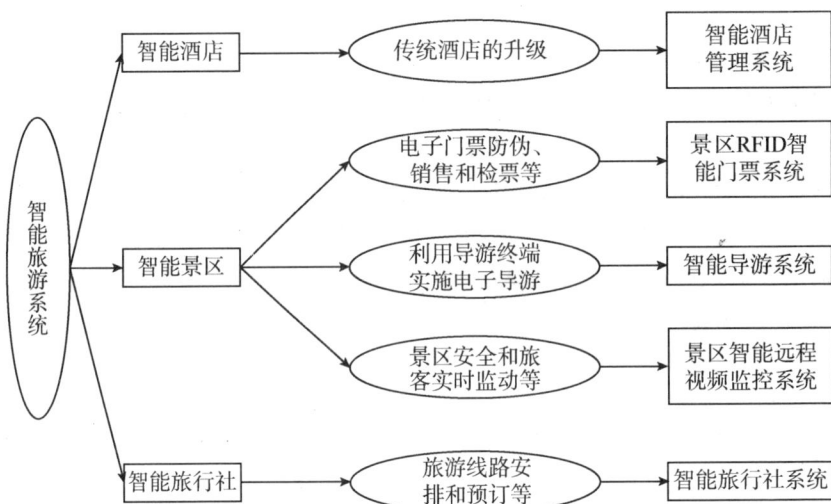

图 5.3 物联网技术在智能旅游的应用

智能酒店管理系统：通过联网技术随时随地预订酒店。包含无线智能酒店系统，订房信息系统等

景区 RFID 智能门票系统：通过 RFID 技术，对景区的门票的防伪、销售和检票进行处理。包括防伪系统和检票系统等。

智能导游系统：系统基于导游终端，包括显示交互子系统、无线数据传输子系统、GPS 定位子系统和处理器。

景区智能远程视频监控系统：整合摄像机、视频服务器和联网技术，对景区游客进行集体监控，便于安全、适时疏散和信息互动。包含数据采集系统、图像分析系统和智能信息传递系统等。

智能旅行社系统：主要利用现在互联网、无线通信设备以及其他相关技术，建立相应的景点数据库，便于确定旅游线路和查询旅游信息，更好地利用旅游资源，整合有限的资源。

（3）利用物联网技术发展杭州市智能旅游的产业布局

"十一五"期间，杭州市基本形成了"一心一轴六区五翼"旅游格局，形成了观光游览业、会展商务业、休闲度假业、游憩商贸业、饭店和旅行社业等行业联动发展的态势。面对旅游信息化和智能化发展，杭州市借助物联网发展旅游行业，取得了一定的成绩。由浙江巡导科技有限公司、杭州电子科技大学共建的"感知杭州"旅游服务系统，还有中国移动推出的"3G"武林项目为杭州市智能物流发展提供了一定基础。杭州市可选择以下符合自身特点的重点产业和产品，如图 5.4

所示。

产品系列	杭州市产业化基础	预期产业化的时间	产业化的发展前景
智能视频产品	++	1年	☆☆☆☆
电子导游产品	+	3年	☆☆☆☆
感应器产品	++	2年	☆☆☆
一卡通产品	++	3年	☆☆☆☆
智能监控设备	++	2年	☆☆☆
定位设备	++	2年	☆☆☆☆

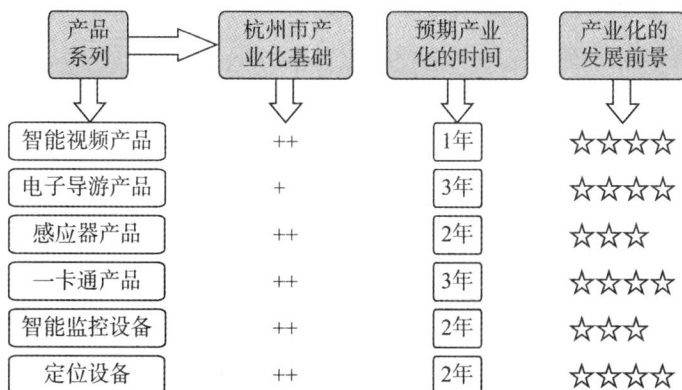

图 5.4 杭州市利用物联网发展智能旅游的重点产品

智能景区一卡通产业：利用传感器技术、RFID 技术、定位技术、3G、无线网络等物联网技术，为游客量身定制线路、预订车票门票、电子导游解说、电子钱包付费。另外游客调度监控、车辆调度、报警求救、内部调度、外部联运将全部实现信息化管理。一卡通使得旅客从游、住、购、食、行、娱等六个方面进行了旅游智能化。主要产品包含传感设备、摄像设备、GPS、3G 网络、电子导游设备、车辆调度系统、预警系统、电子钱包等。

智能酒店和智能旅行社产业：智能旅游的发展离不开酒店和旅行社的发展，也对酒店和旅行社提出了更高的要求。相对于传统酒店和旅行社，利用传感设备、无线网络设备等物联网技术，使得旅客住宿旅游更加便捷。主要包含产品传感设备、无线设备、摄像设备、网上预订系统、旅游线路选择和规划系统等。

智能导游和智能监控产业：智能导游利用传感终端和 GPS 定位，满足外来旅游人群在杭州休闲旅游。智能监控产业包含整合摄像机、视频服务器和联网技术，对景区游客进行集体监控，便于安全、适时疏散和信息互动。主要包含产品有传感终端、视频服务器、联网设备、GPS 定位仪、智能感应芯片等。

（4）杭州市智能旅游的典型产业发展模式：西湖景区智能远程视频监控

杭州景点的管理部门越来越重视景区的安全监控，通过联网的集中监控系统，景区管理者可掌握各景点的人流情况，做到及时分流和及时预警，保证游客安全。旅游景点比较独立分散，一般可按景区划分，景区内又有若干景点，它们在物理上分布也是比较广的，为更好地监控，按照以下方式搭建系统。前端系统利用物联网技术采集数据，主要由摄像机和视频服务器组成。视频服务器（和网络摄像机）采用嵌入式的操作系统，直接连接网络，这种设备集视频接入和控制、图像的数字化、压缩编码、网络传输于一体。通过中心的网络传输设备的运行，把数据传送到监控中心设备,而监控中心利用物联网技术智能分析数据,自动产生相关建议,通过互联网或者无线设备发送到旅游者和相关工作人员,使旅游者适时地了解人流状况,而相关工作者可以采取相应的措施分散人流,并且可以把相关信息传递给景区交通部门,达到控制景区以及周边交通的目的。

3. 农产品生产智能监控

农业基础地位的重要性已经不言而喻,相对于城市来说更为尤甚,杭州城镇化与工业化扩张不断挤压农业空间,影响农业生产环境,制约农产品质量安全水平的提升。杭州定位发展都市农业的现代农业之路,在保证基础农业前提下重点发展六大优势产业、五大区域特色产业,扶持一批具有带动性的农产品龙头企业,发展农产品深加工业,瞄准国际市场,发展外向型农业,精品农业。物联网的出现犹如赐予杭州现代农业一把利剑,披荆斩棘,阔步前进。

(1) 利用物联网技术发展现代农业的机会和困难

物联网技术在农业领域的应用,使农业生产的精细化、远程化、虚拟化、自动化成为可能,实现农业相关信息资源的搜集、检测和分析,为政府管理部门、农业生产部门、农业生产者提供及时、有效、准确可靠的资源管理和决策支持服务。

第一,利用物联网技术可以实现农产品的智能化培育控制。在传统农业中获取农业生态环境信息的方式非常有限,主要是通过人工观察测量,获取过程需要消耗大量的人力。而通过使用无线传感器网络和其他智能控制系统可以实现对农田、温室以及饲养场等的生态环境的监测,及时、精确地获取农产品信息,帮助农业人员及时发现问题,准确地锁定发生问题的位置,并根据参数变化适时调控诸如灌溉系统、保温系统等基础设施,确保农产品健康生长,提高产量并保证质量,有效降低人力消耗,逐渐地实现农业从以人力为中心、依赖于孤立机械的生产模式向以信息和软件为中心的生产模式转变。

第二,利用物联网可以实现农产品物流过程的智能化监控。物联网使农产品的流通过程及产品信息的可视化、透明化成为现实。如利用温湿度、气敏、光照、化学等多种传感器,对蔬菜生长过程进行全程监控和数据化管理,通过传感器节点实时感知生产过程中是否添加有机化学合成的肥料、农药、生长调节剂等物质;结合 RFID 电子标签对每批种苗来源、等级、培育场地以及在培育、生产、质检、运输等过程中具体实施人员等信息进行有效、可识别的实时数据存储和管理。建立农产品供应链安全追溯体系,确保了农产品从原料的纯正到产品的合格,保证品质、安全,提高了公信力,有效促进精品农业的发展。

第三,利用物联网有利于推进农业的产业化。杭州积极发展深加工农业和精品农业,推动农业升级,这也是国际形势下未来农业发展方向。物联网让农业链产业化成为可能,对于农业企业,通过物联网可以实现在不同地域开辟新的生产、加工和仓储基地,利用智能系统方便地完成多种类、大规模农产品的远程监控管理,从而让"农田"实现超市型连锁。

第四,利用物联网技术有利于增强农业的生态功能。农产品的专业化、规模化可以实现生产功能、规模经济的培育和有效管理,但是以牺牲多样性的生态功能为代价,如农作物品种单一,农牧共生不合理等。生态农业是杭州现代农业的发展战略的特色之一,在保护环境的前提下,体现休闲之都在农业方面的延伸。物联网实现了规模化与精细化的协调,使规模化农产品可以精细化培育,精细化培育规模化展开,在提高产量的同时保持了多样性,实现农业的生态功能。

物联网引发了农业革命,实现农业信息化与智能化,很好地化解了农业生产功能与生态功能,规模化生产与精细化培育,扩大产量与提高质量,基础农业与精品农业之间的矛盾,但是也存在一些因素制约着物联网在农业上应用。

第一,利用物联网发展现代农业所需技术、设备费用较高。由于农业的规模化程度不够以及传感器、网络设备等的费用较高,致使农业物联网成本较高,但是鉴于物联网对农业的应用前景,如何降低费用、实现普及应用成为亟待解决的问题。

第二,利用物联网发展现代农业的技术瓶颈亟待突破。对于物联网,当前传输层与应用层技术开发相对较多,感知层以及层间接口协议方面相对较少,限制物联网在农业上的应用,未来需要解决的农业物联网的关键几类技术:RFID 器件低成本化,身份识别传感器开发以及开发动物 DNA 识别技术;发展物联网基本构架技术,多物联网协同工作技术以及发展认知型物联网构架和经验型物联网构架;发展 RFID、UWB、Wi-Fi、WiMax、ZigBee 等,开发宽频通信技术和宽频通信标准;开发生物传感器、低功耗传感器以及实现工业传感器在农业上的应用,开发微型化农业传感器;开发超薄电池、实时能源获取技术及无线电源,开发生物能电池和纳米电池。

第三,利用物联网技术发展现代农业需要多部门的协同合作。物联网在农业上的应用是一个涉及面广泛的复杂的系统的工程,农业无法独立存在发展,需要包括气象、环境、检验、政府、企业、农户、商店等的联合参与。农业物联网需要大量信息的传递、共享和分析,如何有效整合这些部门的信息及功能是农业物联网需要解决的关键问题之一。

(2)利用物联网技术发展现代农业的应用领域

物联网在农业领域的广泛应用体现在农产品生产的不同阶段。无论是种植、培育阶段和收获等阶段,都可以用物联网的技术来提高效率。涵盖的领域主要包括农业资源管理智能系统、农业生态环境管理智能系统、生产过程管理智能系统、农产品安全智能系统、农业设施管理智能系统等,如图 5.5 所示。

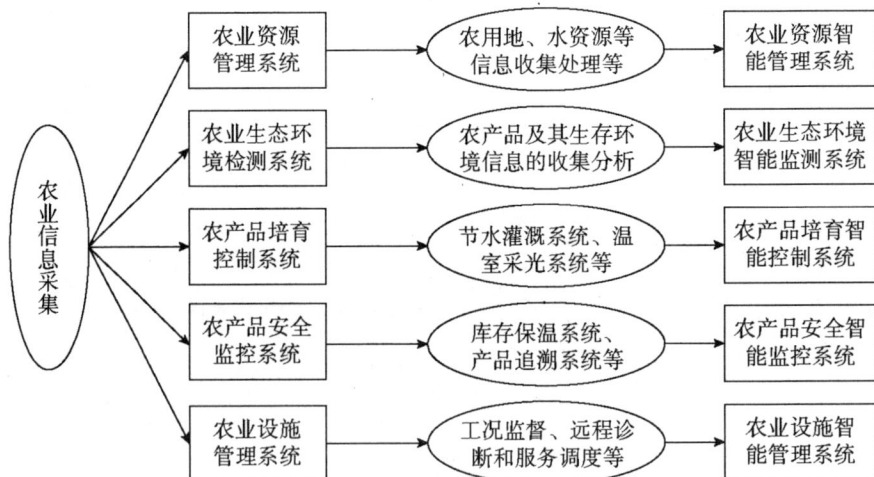

图 5.5　物联网技术在现代农业领域的应用

农业资源智能管理系统：农用土地资源、水资源、生产资料等信息的收集、处理等。为政府、企业及农民进行有效的农业生产规划提供客观合理的参考资料。

农业生态环境智能监测系统：通过农用专业 RFID 传感器、电测感应传感器、红外传感器、卫星遥感系统等自动、实时收集温度、湿度、风力、大气、降雨量和土壤 pH 值信息，监测农作物灌溉情况、鱼群生长状况、水体水质、畜禽体温、农机情况以及大面积的地表监测等。从而为农业生产决策提供准确、可靠、及时的第一手资料。

农产品培育智能控制系统：通过对收集到的各种有关生态环境方面等的海量的数据和信息利用云计算,模糊识别等各种智能计算技术,进行分析和处理,实现对农产品生产过程的智能监督控制。

农产品安全智能监控系统：实现对农产品、产地环境、贮藏加工、物流运输等的全程监控与信息透明化,实现从原材料到产成品,从产地到餐桌的全程供应链可追溯系统。

农业设施智能管理系统：主要是工况监测、远程诊断和服务调度以及智能远程操控实现无人作业等。

（3）利用物联网技术发展杭州市现代农业的产业布局

杭州农业在基本稳定粮油生产的基础上,大力发展优势产业和特色产业。2009 年,优势特色产业实现产值 198.8 亿元,占农业总产值的 68.8%。城市、平原、山区三大农业圈层基本形成,产业结构得到优化;农业生产条件不断改善,全市标准大棚和棚架面积达 14 万亩,农机总动力达 318 万千瓦,农机装备处于全省领先水平;累计建成都市农业示范园区 365 个,省级优势特色产业综合强县 14

个、单项强县 9 个,市级产业强镇(乡)18 个、主导产业状元镇(乡)20 个,都市农业专业村 1000 个;全面推进 50 条农业产业带建设;品牌建设加快推进,到 2009 年年底,全市有无公害农产品 519 只、绿色食品 293 只、有机食品 257 只,"三品"认证名列全省前列。有市级以上著名商标 116 只、名牌产品 177 只。建成市级以上农业龙头企业 359 家,总资产 305.6 亿元,年销售收入近 500 亿元,带动农户 38 万户,连接基地 443 万亩;积极开展杭徽、杭千、"一绕四线"、半山环境综合整治等工作,打造了高速沿线绿色农业景观长廊。

　　杭州农业的区域化、产业化、规模化和机械化为物联网的应用打下了良好的基础,杭州在农业物联网方面也走在前列,在应用方面,例如萧山葡萄设施栽培滴灌智能控制系统,千岛湖有机鱼追溯系统等一批探索性、示范性应用。在技术方面,杭州积极与外部科研力量合作并重点发挥本地优势,如中国电子科技集团公司第 52 研究所的无线传感网的研究在精细农业上的应用;聚光科技公司的物联网环境监测项目以及其开发中的杭州市大气环境在线监测系统在农产品生态环境以及培育方面应用;杭州物联网科技有限公司的食品安全与溯源系统在农产品加工流通监控方面的应用等。杭州得天独厚的地理优势,名列前茅的经济水平,队伍强大的科研力量以及都市农业的战略定位决定着物联网在杭州农业中的应用甚为广泛,杭州市应该在规划未来的战略角度可以选择以下适合自身的重点产业与产品,如图 5.6 所示。

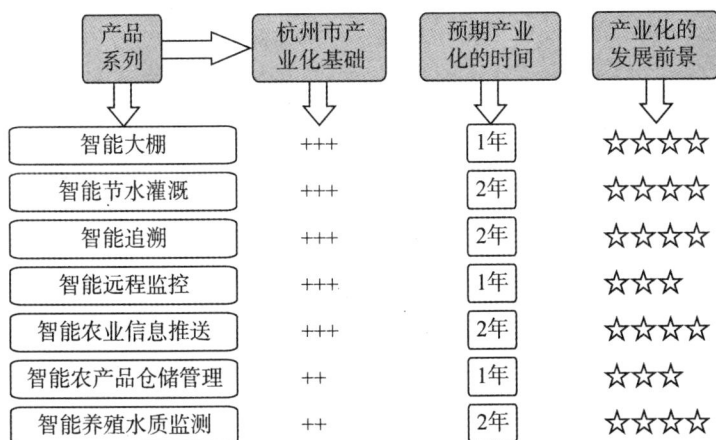

产品系列 ⇒	杭州市产业化基础	预期产业化的时间	产业化的发展前景
智能大棚	+++	1年	☆☆☆☆
智能节水灌溉	+++	2年	☆☆☆☆
智能追溯	+++	2年	☆☆☆☆
智能远程监控	+++	1年	☆☆☆
智能农业信息推送	+++	2年	☆☆☆☆
智能农产品仓储管理	++	1年	☆☆☆
智能养殖水质监测	++	2年	☆☆☆☆

图 5.6　杭州市利用物联网发展现代农业的重点产品

　　农业信息服务产业:物联网在农业上的应用不仅实现了自动化而且更重要的是实现了精准化,而精准化是以大量准确实时的信息为支撑的,通过电信部门与有关行业协会、统计部门、天气预报部门以及地方政府等为农业企业及农户提供有关天气、种苗、疫情、供求等信息,并反馈回相应需求方,从而辅助决策。

智能农产品生产监控产业：应用物联网技术可针对大规模农业园区、设施农业和野外农田，离散部署无线传感器节点，组建无线传感器网络，对作物生长环境、农业气象要素，如空气温湿度、土壤温湿度、光照强度等进行动态实时采集，并通过 GPRS/CDMA/3G 移动通信网络实时传输至远程中心服务器，中心服务器接收存储数据，结合对应的诊断知识模型对数据解析处理，以达到分布式监测、集中式管理。同时建立专家数据库，将现场实时监测信息与领域知识融合，建立基于 Web 的远程监控网络与诊断管理平台，对农产品进行动态监测，对生长状况进行诊断分析，为防病减灾、优化管理提供科学依据和技术支撑。

智能安全追溯产业：农产品质量安全事关人民健康和生命安全，事关经济发展和社会稳定以及农产品品牌竞争力。因此如何尽快建立并推行农产品追溯系统，显得迫在眉睫。"农产品可追溯系统"是追踪农产品进入市场各个阶段（从生产到流通的全过程）的系统，能够快速有效地查询到出问题的原料或加工环节，必要时进行产品召回，实施有针对性的惩罚措施，由此来提高产品质量水平。杭州已经在 2009 年实施在蔬菜和猪肉方面的安全追溯机制建设，基于物联网技术将 RFID 应用于农产品供应链中，使用 RFID 及网络数据库技术将农产品供应链上的各类生产流通及质量安全信息有效集成，通过对供应链全程信息的采集、存储、传递，将农产品供应链与视频安全理念相结合，构建基于 RFID 的安全农产品监控追溯系统，实现整个供应链的数据以及信息的汇总，使监管部门和消费者在这个平台上进行追踪，确保整个供应链过程的透明化。

（4）杭州市农产品智能监控的典型模式：萧山葡萄种植智能化

位于杭州萧山区的美人自葡萄园，引进安装了设施栽培生态信息无线传感和滴灌智能控制系统，这个技术不但是国内首创，而且在国际上也处于领先地位。安装了葡萄设施栽培生态无线传感和滴灌智能控制系统，可以通过无线传感器网络对葡萄园审视栽培环境进行实时监控，墙上的液晶显示屏上显示出葡萄园的各种土壤和环境参数，包括空气温度、湿度、日照强度；土壤温度、水分、pH 值等数据，还能生成各种分析曲线。坐在办公室就能正确掌握葡萄园的土壤和环境参数，并通过自动方式控制水泵和电磁阀启停，事实电脑远程滴灌，从而及时优化葡萄园的设施栽培环境，确保葡萄健康生长，以利于提高葡萄生产的产量和质量，进而获得更大的收益。

此种技术及相应模式可以推广到大棚及规模化农产品产区，将互联网从桌面延伸到田野，让温室实时在线，从而实现农田、大棚和池塘等与数据世界的融合。将来实时采集的传感器数据与传统的种植养殖经验相结合，将形成适合杭州本地特点的专家决策库。甚至可以形成领先全国的农产品种植养殖模型库以及农产品病情诊断模型库等。通过对寿光"智慧的温室"系统进行数学模型推算，预计实施"智慧的温室"系统后,可以节约灌溉成本 40％～60％,肥料成本节省 30％左右,病虫害防治成本将减少 25％左右,农民的劳动强度将降低 33％,在原有土壤情况,种植种类等因素不变的情况下,每亩增产 1.2～1.5 倍。通过物联网对几十万座大棚的蔬菜生长过程进行全程监控和数据化管理,从而实现了有机蔬菜生产的集约化;通过对有机蔬菜从来源、生产、检测体系等环节进行全过程可视数字化管理和为消费者提供全过程可视追溯查询平台,使得蔬菜的安全和品质不仅看得见,而且有了公信力。

4. 智能养老护理

"杭州老人对幸福的满意度达到了 67％,这显然和杭州市连续几年被选为中国最具幸福感城市的称誉是吻合的。"杭州市消委会发布了《2007—2008 杭州市老年人群消费质量及生活品质蓝皮书》,这也是全国省会城市中第一部以老年人消费为特定内容的蓝皮书。但是杭州老年人也面临着许多的问题,如老年人生病、买东西上当受骗、护理人员较少等。利用物联网技术发展老年人护理可以有效缓解这些矛盾。当前,杭州海康威视数字技术股份有限公司、华数数字电视传媒集团、杭州家和智能有限公司、利尔达科技有限公司、浙江维尔生物识别技术股份有限公司等杭州市企业在不断研发相关产品推动物联网技术发展老年人护理的应用。

(1) 利用物联网技术发展智能养老护理的机会与困难

利用物联网技术发展老年人护理是一项加强杭州市宜居城市建设的重要举措。伴随着物联网技术在社会生产生活中的应用与发展,物联网技术将为老年人护理的发展带来全新的机会。

第一,物联网技术提升老年人护理服务效率。采用物联网技术监视和追踪护理中心内的老人及设备,可以明显地提升工作人员的事件响应效率,同时也提升了员工的生产力和维持率。每位护理对象可以分配一个电子标签,需要帮助时可按下标签上的呼叫按钮,老年人护理人员通过智能信息处理系统定位寻求帮助居民。

第二,增强老年人监护的安全性。利用物联网技术可以通过电子标签计算护理对象的位置,起到进行定位、搜索、生成警报和报告等作用。例如佛罗里达一家老年人护理中心将无源标签缝进 70 位居民的服装里,这样如果居民企图离开中心,员工会立即得到通知。

第三,通过物联网技术可以对杭州流动老年人进行实时安全护理。作为重点旅游城市,每天到杭州的旅游的老年人数量庞大,通过物联网技术可以对来杭的老年人安全护理进行实时监控,作为打造"东方休闲之都,品质生活之城"的重要保障。

但是在利用物联网技术发展老年人护理必然会面临这居多的困难，特别是集群优势、产业改造费用较高、老年人适应能力弱等方面的问题突出。

第一，利用物联网技术发展老年人护理的集群优势难以发挥。当前杭州市老年人居家养老的现状明显，选择老年人护理中心养老的积极性不高。在现有养老方式的现状基础上全面推广物联网技术在老年人护理中的应用难以体现出产业的价值和集群优势。

第二，利用物联网技术发展老年人护理的基础设施滞后。这需要杭州市进一步建立和完善各种类型的养老院，完善设施，使老人很容易根据自己身体状况和经济状况找到合适的养老院。通过各种类型的养老院进行信息化改造，提升老年人护理中心的信息化水平。

第三，老年人适应新技术的能力相对较弱，利用物联网技术设备不够顺畅。这需要在老年人护理物联网技术设备中充分考虑老年人的需求和使用习惯，有针对性的改进物联网技术设备的智能化水平，保障信息的充分和有效反馈。

（2）利用物联网技术发展智能养老护理的应用领域

物联网技术在发展老年人护理应用空间广泛，可推动 RFID 技术、无线传感器网络技术、多媒体视频技术与家用电器、消防设备、医疗器械以及水、电、煤气、照明等有机融合，逐步构建老年人护理智能化，实现实时动态交互、在线监控、动态管理等功能。给予物联网技术的老年人护理主要可以包括老年人家居智能监控系统、老年人护理中心智能监控系统、老年人外出智能监控系统等，如图 5.7 所示。

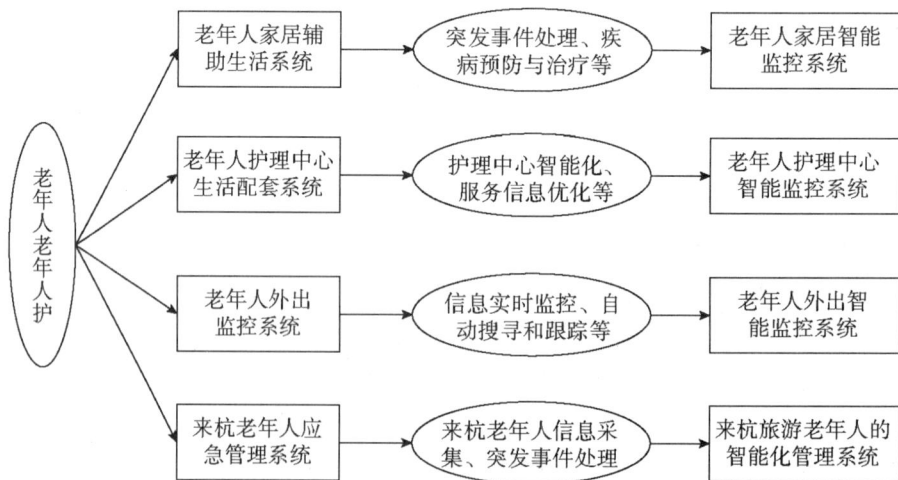

图 5.7　物联网技术在智能养老护理的应用

老年人家居智能监控系统：通过物联网技术将火感、烟感、煤气以及视频、红外、震动等各传感器信号接入并进行分析、存储、报警的综合型智能设备和相关联的联网平台提升老年人家居安全管理，同时将被测人员的体能指标传输到远程专家诊断系统，向被测人员提供实时监测、诊断服务。包括老年人家居信息的实时采集、老年人家居突发事件处理、老年人疾病事前预防、老年人远程专家诊断等系统。

老年人护理中心智能监控系统：提升老年人护理中心的智能化水平，提升护理中心老年人的生活质量，包括老年人护理中心的信息化改造、护理信息实时处理、志愿服务信息优化、老年人生活起居信息优化等系统。

老年人外出智能监控系统：利用指纹终端指纹传感技术实现老年人员出入信息实时监控、随身物品智能化管理，开发基于 RFID 技术的自动搜寻和跟踪、老年人外出突发事件应急处理、老年人的信息采集和处理等系统。

来杭旅游老年人的智能化管理系统：每年有大量的老年人来杭休闲旅游，智能应急管理系统的开发有利于全面掌握来杭老年人的基本信息，为老年人的休闲旅游提供快捷有效的服务，提高老年人休闲旅游的品质。利用物联网技术开发来杭老年人信息汇集系统、老年人休闲旅游信息指导系统、来杭老年人疾病应急管理系统、老年人旅游信息智能反馈系统等。

（3）利用物联网技术发展杭州市智能养老护理的产业布局

在老年人护理相关产业的发展中，杭州市企业在积极参与研发和生产有关产品，以推动物联网技术在老年人护理中的应用。杭州海康威视数字技术股份有限公司投资 3000 万元的家庭/小型商铺智能安全系统、杭州家和智能有限公司和利尔达科技有限公司投资 5000 万元的物联网水、气、热、电表抄表系统、杭州海康威视数字技术股份有限公司投资 5000 万元的基于 3G 无线网络视频监控系统、杭州市电信分公司和杭州家和智能控制有限公司建设的小区健康信息化平台等为杭州市利用物联网技术发展老年人护理提供了坚实的产业基础。杭州市利用物联网技术发展老年人护理的相关产业可以包含以下一些重点产业和产品，如图 5.8 所示。

智能医疗保健产业：推进物联网技术在电子病历、健康检测与实时监护等领域的运用，切实增强对特定人群生理特征的全天候监测和与医院的实时交互能力。具体产品包括基于 RFID 的医疗废弃物管理系统的建设、小区健康信息化平台、电子病历卡、实时诊断器械、数据传输和处理系统、健康警报器等。

智能家居产业：推动 RFID 技术、无线传感器网络技术、多媒体视频技术与家用电器、消防设备以及水、电、煤气、照明等有机融合，逐步构建老年人智能家居环境。具体产品包括存储芯片、表具终端、无线网络视频终端、数据传输基站、城市总控卡等。

产品系列	杭州市产业化基础	预期产业化的时间	产业化的发展前景
存储芯片	++	1年	☆☆☆☆
跟踪与定位芯片	+	2年	☆☆☆☆
信息采集与预警器械	+++	1年	☆☆☆☆
电子病历卡	+	2年	☆☆☆
表具终端	++	2年	☆☆☆
无线网络视频终端	++	1年	☆☆☆☆
城市总控卡	++	2年	☆☆☆

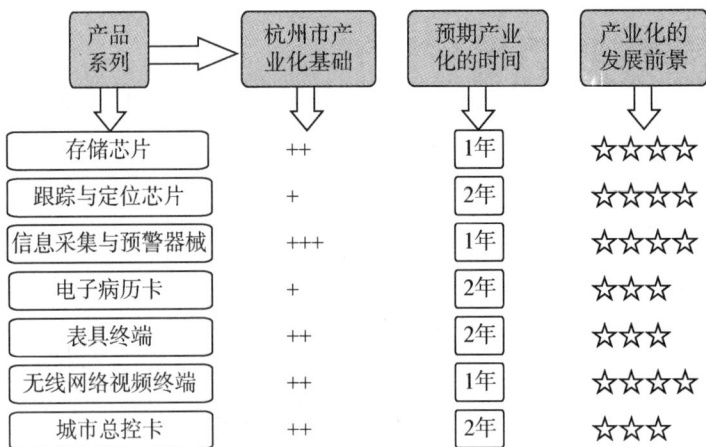

图 5.8 杭州市利用物联网发展老年人护理的重点产品

老年人安防产业：通过传感技术、RFID 技术、定位技术、地理信息技术与互联网、电信网以及广播电视网相融合，整合运用到安防、老年人出入以及社区医院、超市等领域，实现社区内不同服务体系之间的互联互通。具体产品包括跟踪与定位芯片、信息采集与预警器械、信息定向传输中心、身份认证终端等。

（4）杭州市老年人护理的典型发展模式：老年人护理中心的物联网技术

物联网技术在老年人护理中心的应用主要功能在于为老年人和残障人士以及他们的看护者提供信息和相关服务，管理残疾人计划，为老弱病残的看护人提供支持，推行公共教育活动等。

基于物联网技术的老年人护理中心的核心技术为一种采用 RFID 技术的跟踪系统，将使用 RFID 标签对每个接受"触爱社会服务"的家庭进行标记。这将使系统可以捕捉到职员或义工探望老年人的时间，有利于确保职员和志愿者的最优配置。

事件标签将由 RFID 阅读器读取，信息将被自动发送到老年人护理中心总部。RFID 系统不仅可以满足客户被妥善照管看护的需要，而且还将有效地节省时间，帮助老弱病残的家庭义工或家庭护理人员获得充分的信息。同时可以进一步提高失去独立生活能力、需要被照顾的人士，以及他们的看护者的生活质量。

（四）应用物联网发展杭州战略性新兴产业的重点领域

杭州市重点培育的新兴产业为电子信息、新能源、新光源、生物医药、新材料、节能环保、物联网等七大产业。物联网本身属于新兴产业，在其应用中还可以将其技术运用到其他新兴产业中去。本节主要从智能电网、智能安防、智能交通和智能环保检测等领域分析应用物联网发展杭州新兴产业的展望，着重分析其应用领域、相关技术、相关产品、发展模式。

1. 智能电网

电网关联着社会的方方面面,局限于发送供用、集中统一、单向低效、高碳排放为特征的传统电网,已越来越不能适应杭州市经济、环境变化的要求。智能电网的核心是能源利用的高效、清洁、低碳,可以在用电、发电和输电各环节实现节能。当前,世界各国纷纷把物联网技术运用于智能电网产业作为政府拉动经济的一个主要切入点。杭州市 2009 年 9 月与北京、厦门、银川三个城市一起,被选为全国 4 个智能配电网建设的试点城市,标志着杭州市将迈入智能电网时代,今后杭州市将依托逐步成熟的物联网技术,不断建设和完善以信息化、数字化、自动化、互动化为特征的智能电网。

（1）利用物联网技术发展智能电网的机会和困难

智能电网是建立在集成、高速双向通信网络的基础上,通过先进的传感和测量技术、先进的设备技术、先进的控制方法以及先进的决策支持系统技术的应用,能够实现电网的可靠、安全、经济、高效、环境友好和使用安全的目标。将物联网技术运用于智能电网能够从根本上保证杭州市能源安全、优化资源配置、带动上下游产业链发展、体现电网企业社会责任、提高电网企业资产利用率和投资效益、适应能源结构变化和体制改革要求。

目前杭州市涉及物联网核心技术开发的企业已有 18 家,从事 RFID 技术开发、二维码、红外感应等物联网关联技术的企业近百家。杭州市已经在无线传感网络技术研究与系统集成、RFID 技术开发与生产制造等物联网产业核心领域形成初步优势,并在电力控制、遥测、遥控、遥信等智能电网领域成功实施了一批物联网技术应用项目。杭州市政府目前正积极构建物联网网络基础平台、物联网技术创新平台和公共服务平台,同时着力推进智能城市试点示范工程等四类试点示范工程。以上工作为物联网技术在智能电网领域的应用提供了良好基础。

当然,由于利用物联网发展智能电网对技术的要求很高、投资成本较大等特点使得在利用物联网发展杭州市智能电网的过程中面临着一些困难。智能电网最终将需要数百个标准,目前迫切需要制订标准的优先领域有:需求响应和消费能源效率、广域态势感知、储能、先进计量基础设施、配电网管理、网络安全、网络通信等,这些标准不是企业自身能够确定的。智能电网传感器是智能电网的核心技术,这个门类有几万种技术,而传感器跟射频发射接收器这些技术本身都不是杭州市的强项。智能电网耗时长久、耗资巨大,资金压力很大,要求杭州市相关企业充分筹集和利用自身资源、积极争取外部资金等推动杭州市智能电网产业的发展。

（2）利用物联网技术发展智能电网的应用领域

传统的电网系统主要包括发电系统、用电系统、输电系统、变电系统和调度系统等。物联网技术通过智能接入技术、智能控制中心、智能线路、智能变电站、智能需求管理等方面提高电网运作各环节的分散控制和集中控制之间的协调，其主要应用内容如图5.9所示。

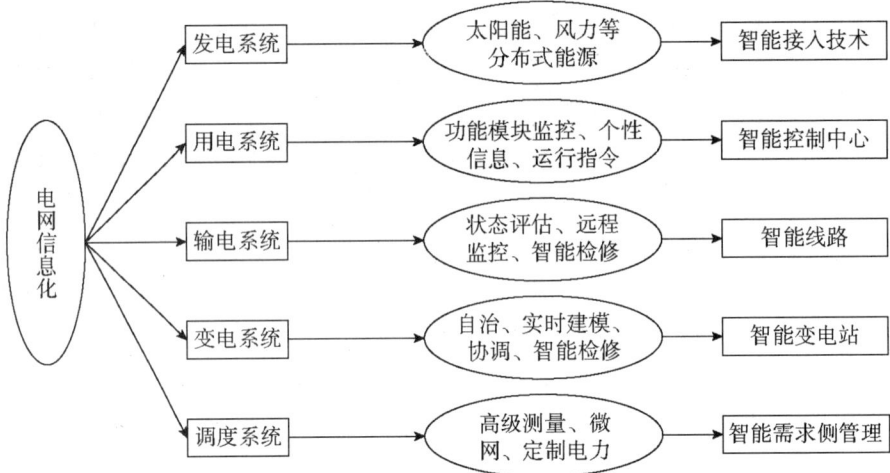

图5.9　物联网技术在智能电网的应用

智能接入技术：智能电网可以支持多样化的电源，方便各类电网并入，可再生能源的规模化利用要求电网接入技术进行重大变革，智能电网是使风电、太阳能光伏等可再生能源发电并网的关键。

智能控制中心：智能控制中心是利用物联网技术形成可视化互操作平台、交易与调度、快速安全稳定分析、智能保护整定、预警报警与事故处理等功能。

智能变电站：智能变电站将利用物联网技术整合变电站自动化、地理信息系统、SCADA 等技术，并兼容微网和虚拟电厂，能与控制中心实现高性能通信，在控制中心授予的权限范围内进行控制和建模。

智能线路：在智能线路中，基础设施技术水平将会提高，利用物联网技术的在线监控和智能检修会投入应用。

智能保护系统：基于物联网技术的智能保护装置能实时接收控制中心的整定结果，从而更及时准确地配合电网的运行，并节省人力成本。

智能需求侧管理：用户能够与电网进行双向通信，根据电网运行信息和用户需求实时调整，提供高效优质的服务。

（3）利用物联网技术发展杭州市智能电网的产业布局

在《智能电网技术标准体系规划》中，智能电网体系包括综合与规划、智能发电、智能输电、智能变电、智能配电、智能用电、智能调度、通信信息 8 个专业分支、

26个技术领域、92个标准系列。在这一体系当中,杭州市应在基础性和发展性两大前提下,选择以下符合自身特点的重点产业和产品,如图5.10所示。

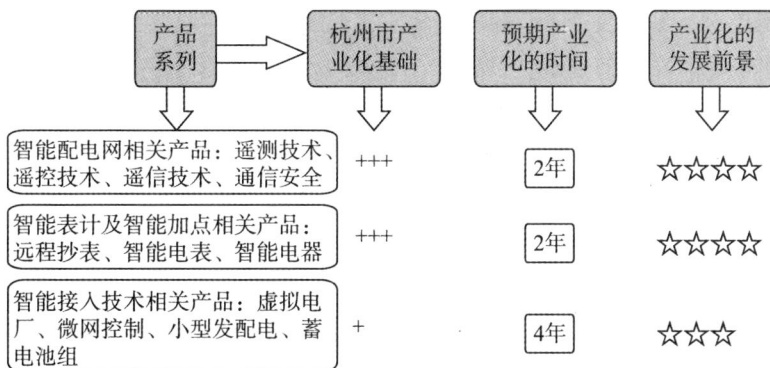

图5.10　杭州市利用物联网发展智能电网的重点产品

智能配电网相关产业:杭州范围内220千伏以上输电线路有3300余千米,铁搭6500多座,各类动态危险点有96个,庞大的输电网使得施工选址、故障抢修等工作开展起来相当不便,针对这一问题,杭州市利用三年时间将所有铁搭与线路的位置都被记录在了电子地理图上,形成了杭州特有的输电网地理信息系统——输网GE系统。目前杭州中心城区已有51条10千伏线路初步实现了"遥测、遥控、遥信"的自动化功能,到2010年年底,杭州主城区环城路以内将率先实现配电自动化。依托以上基础,杭州市应进一步发展电网线路的检测、传感等相关设备,力争在未来5年建成智能配电网,在杭州主城区范围内调度站全面实施配网自动化,覆盖区域电可靠性达到99%以上,复电时间从目前的45分钟左右缩短至5分钟以内。此外,由于电网信息和通讯系统威胁国家安全,因此杭州市在智能配电网相关产业的发展中还需要注重培育信息和通讯系统安全保证方面的相关产品开发和运用。

智能表计及智能家电相关产业:杭州市电力局目前选取金棕榈、水澄花园等小区作为试点,探索未来智能表计及智能家电模式。这几个小区的用户,在安装了智能表计、更换了智能家电后,用户与电网之间可以实施互动,水电气不用上门抄表;电热水器、空调、电饭煲等可以随时调控使用情况;家里一旦发生紧急事故如煤气泄漏等,都可通过电网进行报警。智能表计既能知道家里每天的用电情况,将每一种家电的用电量都记录在案,而且它也知道此刻整个电网的用电情况,是峰还是谷。智能化的前提是家里的家电也必须都是智能的,因此智能表计和智能家电领域在杭州市具有很大的发展前景,以远程抄表系统为例,可通过无线方式彻底提升电力生产和管理效率,为电力公司彻底解决了电表安装点分散,人员抄表误差大,管理难问题,从用户角度,也可为老百姓节电10%以上。因此,杭州市在智能表计和智能家电领域应重点发展用电状况收集、实时电价响应、防偷电、智能家电及其控制等相关产业。

智能接入技术相关产业：随着全球对气候问题的重视，清洁能源利用和减排成为杭州市能源发展的重点。清洁安全、技术成熟的能源未来在杭州市能源结构调整中将发挥重大作用。分布式能源接入技术是根据用户的差异化需求提供个性化服务，实现电力不仅可以进来，还能送出去，能将太阳能、风能、地热能等统一入网，从而创造最高的能源使用效率。杭州市目前力争将新能源产业将做强做大，到2015年，全市规模以上新能源产业力争实现销售产值1000亿元。其中太阳能光伏产业实现销售产值约400亿元，风电设备实现销售产值约300亿元，新型电池实现销售产值约150亿元。为完成以上任务，在智能接入以及上下游相关产业，杭州市应重点发展虚拟电厂、微网控制、小型发配电系统（并入大电网运行，也能实现孤岛运行）等相关产业。此外，分布式发电输出的波动性会带来电网频率偏差，需要基于蓄电池组的能量储存系统以维持其输出稳定性，因此对于蓄电池组的相关产品的发展也应给予重视。

（4）杭州市智能电网的典型产业发展模式：太阳能光伏产业

太阳能光伏产业是典型的清洁能源，在日益突出的能源危机面前，以太阳能光伏为核心的新能源产业成为全球关注的新热点。杭州现有涉及太阳能光伏产业的企业近50家，2009年全市太阳能光伏产业完成销售产值30.5亿元，同比增长11.2%；实现利税2.89亿元，同比增长74%，实现利润2.29亿元，同比增长96%。根据"三年翻两番，五年上台阶"的目标，到2013年，全市太阳能光伏产业销售产值力争达到200亿元，太阳能光伏产业将成为杭州市经济增长的新引擎。

从2010年起，杭州市财政将每年安排3000万资金，建立太阳能光伏新能源推广应用专项资金，主要分以下两个阶段：2010—2013年，实施"阳光屋顶示范工程"。2013—2015年，建设"绿色能源应用基地"。基于杭州市的以上基础，结合物联网技术，今后边远地区村庄智能供电系统、太阳能电源系统、通信信号电源、阴极保护、太阳能路灯等相关产品均将得到迅速发展。

2. 智能安防

随着我国经济快速发展，人民群众的收入、分配、消费的水平和结构发生了巨大变化，生活贫富差距的扩大，各类社会矛盾的积累，使得公众对安全产品的需求不断提高。安防产业是全球新兴的电子支柱行业之一，世界安防协会将安防行业定义为资讯及通讯安全、工业安全消防、安全器材、系统整合与服务四大类。国内安防行业产品按系统分类可分为入侵报警系统、视频安防监控系统、出入口控制系统、电子巡查系统、停车库管理系统、防爆安全检查系统等。杭州市安防产业基础较好，处于国内领先地位，通过物联网在杭州市安防产业中的应用可以进一步提升杭州市安防产业的核心竞争力。

（1）利用物联网技术发展智能安防的机会和困难

安防行业作为一个细分的行业，杭州市在全国甚至全球某些领域处于领先位置，因此对于物联网这个产业机会，杭州市安防产业可以较好地把握机会、发展壮大。

第一，物联网技术为寻求技术革新的安防产业提供了强有力的技术支撑。杭州安防企业生产销售的相关产品技术新快、智能化含量高，物联网技术为指纹识别系统、数字视频技术、视频存贮技术、家居控制系统、光传输系统等领域的技术开发活动提供了非常重要和全面的技术支撑。

第二，科研与人才环境为物联网技术在安防产业中的应用打下了良好的基础。杭州市拥有浙江大学、浙江警察学院等专项研究实验室，并在浙江司法警官学院设有全国安全防范职业培训中心，同时在技术监督系统拥有如浙江省安全技术质量检验中心的专业检测单位。

第三，随着物联网的逐步推广，安防行业领域将大大拓宽，新的推广应用不断涌现。物联网与安防产业的结合将对安防产业商业模式产生巨大影响，带来全新的产业革新，使安防产业链进一步丰富，包括芯片厂商、终端厂商、服务提供商、系统集成商等，都将找到自己的机会。

但是，物联网技术与杭州市安防产业的结合与应用也存在许多需要进一步克服的困难。作为物联网技术的重要应用领域，安防产业可以充分吸收物联网分布广泛、实时监控的优势，但是物联网与安防产业融合的切入点难以准确把握，难以找到一个最佳的结合点。物联网在安防产业应用过程中技术升级改造的成本相对较大。在物联网安防或者智慧安防的实施过程中，需要对现有的基础设施进一步改造优化，前期投资较大。

（2）利用物联网技术发展智能安防的应用领域

物联网安防是指终端产品具有智能化、一体化，能够连接多种无线传感器，能够通过互联网传输报警图像和信息，同时具有网络平台监控报警服务功能的安防系统。物联网与安防行业的结合点，主要包括，一是相关的技术和产品在安防平台上应用，增加安防的内涵，比如可以通过广泛部署的摄像头传递更多的视频以外的信息；二是物联网更强调数据应用，从安防的角度讲，智能化是最好的一个应用，如实现的智能识别、分布式的数据存储、数据检索、报警联动、指挥控制等。安防是物联网的典型应用，包含视频监控、防盗报警、门禁管理、消防预警及指挥控制等几个大类，如图5.11所示。

视频监控：包括视频监控中高适应性的人脸识别技术、分布式城市社会治安报警与视频监控网络系统集成平台、准确识别测定物品性质特征的仪器设备、动态监测系统中视频智能分析技术、停车场及出入口控制系统等。

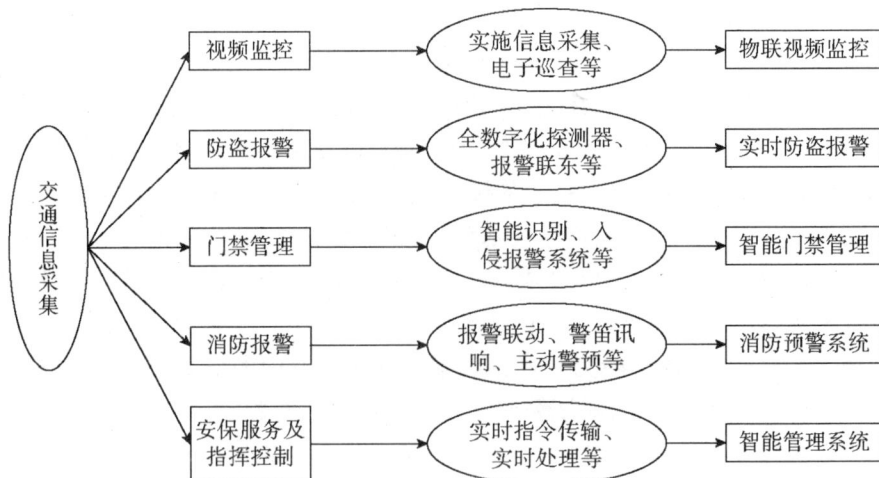

图 5.11　物联网技术在安防产业领域的应用

防盗报警：包括报警防区设置、在线编程、无线报警、全数字化探测器、全数字化网络平台、特殊传感器的研发、多种联合报警技术手段的报警防范系统、多种高性能和低误报率探测器的研发等。

门禁管理：包括智能识别、入侵报警系统，读卡器、网络门禁控制器、电锁、门磁、出门按钮、门禁管理主机、打印机和门禁管理软件等。

消防预警：包括防爆、防毒用高档安检设备、背散射技术及检查设备、准确识别测定物品性质特征的仪器设备、报警联动、警笛讯响、主动警预等。

安保服务及指挥控制：包括安防系统智能管理集成平台、社会治安动态监测预警方法与应急预案研究、重要活动及要害单位公共安全风险评估技术与方法研究、安防工程及系统效能评估体系等。

（3）利用物联网技术发展杭州市智能安防的产业布局

20 世纪 90 年代初期开始，杭州市安防行业逐步起步，其应用由开始的单一技术、单项工程向着系统集成的方向发展。20 世纪 90 年代的中后期，安防行业的应用又显示了网络化的发展趋势，安防产品的高科技含量和安防工程的系统集成度都得到显著提高，安防行业的服务功能也在不断增强。目前杭州安全防范产业门类较为完整，涉及生产、销售、设计施工等环节已经逐步形成了一套完整模式，行业的应用水平也在不断提高。杭州相关产品在全国占有相当明显的产业优势，如数字硬盘录像机（DVR）等高技术关键产品已经占据全国 80% 以上的市场份额。杭州市安防生产企业门类齐全，具有完整的安全防范产业链，如高速智能摄像机、中心视频矩阵、数字存储、有线传输、无线传输、物理防护设备及安全防范管理软件等生产企业，杭州还具有一个在全国内都非常有特色的安全防范专业器材市场,已经成为安全防范器材流通的一个主要通道。结合杭州市安防产业的发展阶段和特征,在利用物联网技术的过程中可以重点发展以下产业和产品,如图5.12所示。

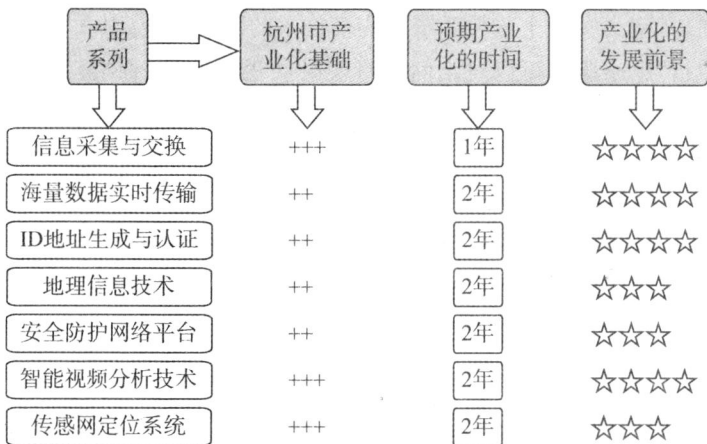

产品系列	杭州市产业化基础	预期产业化的时间	产业化的发展前景
信息采集与交换	+++	1年	☆☆☆☆
海量数据实时传输	++	2年	☆☆☆☆
ID地址生成与认证	++	2年	☆☆☆☆
地理信息技术	++	2年	☆☆☆
安全防护网络平台	++	2年	☆☆☆
智能视频分析技术	+++	2年	☆☆☆☆
传感网定位系统	+++	2年	☆☆☆

图 5.12　杭州市利用物联网发展智能安防的重点产品

智能城市管理:利用传感网络技术、RFID 技术、定位技术、无线通信技术,实现更亲民、精准、敏捷、高效、全天候、全方位的城市管理;创新信息实施采集传输手段,利用传感网络技术、GIS 地理信息技术、RFID 技术、定位技术、无线通信术,实现物联网技术手段替代人员信息采集、检查和核实;通过无线传感器网络技术、智能视频分析技术、联网平台技术,开发能将火感、烟感、煤气以及视频、红外、震动等各传感器信号接入并进行分析、存储、报警的综合型智能设备和相关联的联网平台。

智能公共安全:将智能传感设备、无线通信技术等运用到公共安防监控领域,实现实时监控、人员定位、智能分析判断功能;利用数据加密、网络安全、海量数据搜索、ID 地址生成与认证、可靠性控制技术,联合杭州市主要物联网企业,构建杭州市物联网数据交换平台系统。

智能社区:通过传感技术、RFID 技术、定位技术、地理信息技术与互联网、电信网以及广播电视网相融合,整合运用到小区周界安防、车辆出入与停放管理以及社区医院、超市等领域,实现社区内不同服务体系之间的互联互通。

(4)杭州市智能安防的典型产业发展模式:杭州城市安防监控系统

安防监控系统是应用光纤、同轴电缆或微波在其闭合的环路内传输视频信号,并从摄像到图像显示和记录构成独立完整的系统。它能实时、形象、真实地反映被监控对象,不但极大地延长了人眼的观察距离,而且扩大了人眼的机能,它可以在恶劣的环境下代替人工进行长时间监视,让人能够看到被监视现场的实际发生的一切情况，并通过录像机记录下来。同时报警系统设备对非法入侵进行报警，产生的报警型号输入报警主机，报警主机触发监控系统录像并记录。如世博会采用的火警设备是安防监控系统的典型案例，在 LA100 型火灾安全监控系统演示区看到，新型火灾安全监控系统已能模仿人的眼鼻系统，对大空间实施监控。所谓"眼"即指"电子眼"，可以对空间进行实时的视频监控，而"鼻"则是一种感应系统，一旦发现烟雾会第一时间向系统发回信号。

杭州市安防监控形势较为严峻，通过物联网与安防监控系统融合的杭州城市安防监控系统可以有效地缓解杭州市的安防压力，为平安杭州增添新的亮点。安防监控系统主要包括前端、传输、控制、电视墙显示和防盗报警等部分。前端部分完成模拟视频的拍摄，探测器报警信号的产生，云台、防护罩的控制，报警输出等功能；传输部分主要由同轴电缆组成，要求在前端摄像机摄录的图像进行实时传输，同时要求传输具有损耗小，可靠的传输质量，图像在录像控制中心能够清晰还原显示；控制部分是安防监控系统的核心，它完成模拟视频监视信号的数字采集、MPEG－1 压缩、监控数据记录和检索、硬盘录像等功能，核心单元是采集、压缩单元，它的通道可靠性、运算处理能力、录像检索的便利性直接影响到整个系统的性能；电视墙显示部分完成在系统显示器或监视器屏幕上的实时监视信号显示和录像内容的回放及检索，系统支持多画面回放，所有通道同时录像，系统报警屏幕、声音提示等功能。电视墙显示既兼容传统电视监视墙一览无余的监控功能，又可大大降低值守人员的工作强度且提高安全防卫的可靠性；防盗报警部分是利用主动红外移动探测器将重要通道控制起来，并连接到管理中心的报警中心，当在非工作时间内有人员从非正常入口进入时，探测器会立即将报警信号发送到管理中心，同时启动联动装置和设备，对入侵者进行警告，可以进行连续摄像及录像。

3. 智能交通

随着 3G、物流传感技术的发展进步，智能交通正在向"新一代智能交通"发展。无线传感器网络作为一种融合短程无线通讯技术、微电子传感器、嵌入式系统的新技术，逐渐被用于新一代智能交通系统等需要数据采集与检测的相关领域，从而给城市智能交通带来一次全新的升级。基于物联网的智能交通系统是以先进交通动态基础信息采集技术为核心，利用多种高精度传感器设备，准确采集道路车辆信息、流量信息、道路时间空间占有率、车头时距、排队长度、车速信息、违章信息等，并对信息进行实时传送和处理，为全区域交通监控、协调控制提供科学决策依据。在智能交通产业领域中，杭州市相关企业和科研院所的技术研发和产业化应用研究能力较强，杭州海康威视数字技术股份有限公司、中国电子科技集团公司第 52 研究所等为杭州市基于物联网技术的智能交通产业发展打下了良好基础。

（1）利用物联网技术发展智能交通的机会和困难

基于物联网技术的智能交通系统具有可感知、可判断、可控制、可管理，以及自动、动态、全局的基本智能特征。多种类异构节点的叠加部署实现了信息采集手段的多样性，结合协同处理与模式识别，能够保证智能交通系统判知和决策的准确性和自动化，减少人工干预工作量和交通管理资源投入。

第一，物联网技术推动交通管理的信息化和智能化水平。随着家用汽车的普及，杭州市交通状况呈现出愈发拥堵的状况。通过物联网技术可以进一步提升交通管理的信息化和智能化水平，优化交通设施的信息化程度。当前杭州市交通信号处理系统主要是通过视频等方式监控车辆状况，利用物联网技术在交通拥堵的区域进一步改造和安放物联网接入技术的信息处理显示系统，可以更加及时和有效地显示出任何形式的信息内容，如文字和简单的图像，为驾驶员选择优化行使路线提高帮助。通过无线传感技术，交管指挥中心显示屏可以实时显示交通流量、流速、占有率等运行数据，并自动检测出各环路的交通事故和拥堵等交通事件，进行报警和录像，同时可以根据具体情况在显示器上发布各种信息，滚动播放笑话、生活常识、天气预报、大众新闻等。

第二，物联网技术优化路面信息的适时监控体系，缓解城市交通压力。利用物联网技术能够即时采集并传输交通信号，从而动态反映和判别交通系统的运行状况，并支持动态实时的交通管理。以物联网模式进行设计的交通灯，无疑代表了交通管理的发展方向，它与城市交通控制系统相联，可以根据各路段的实时交通状况，以倒计时的方式显示距离下一个绿灯开始的时间；还能够显示出各路段的拥堵情况，给过往车辆提供最优行车方案进行参考；同时它可以根据不同的城市、不同的文化区域和地段，分别发布各种不同人群关注的话题信息，尽显个性化的风采的同时提高交通管理的力度。据交管部门统计，车辆在路口拥堵 1 分钟，拥堵距离将达到 100 米，至少需要 5 分钟的时间才能恢复正常。有了智能控制系统后，通过埋设的感应线圈，控制系统可以实时掌握车流量的大小，并根据车流量，自动调整放行时间。系统还具有公交优先控制功能，可优先放行行驶至路口的公交车辆，使公交线路运行提速 10%。

第三，物联网技术可以提高交通运输的安全性，有效防范交通运输安全事故的发生。在物流领域，通过物联网可以实现对车辆、货物和整个运输系统进行精准的控制，从而实现"精准物流"。比如在危险货物运输中，货物所在的位置，周围的温度、压力，管理者可以通过网络实时了解，一旦有什么异常，可以立刻做出决策，采取措施，避免事故的发生并控制事故影响的扩大。

当然，在利用物联网技术发展智能交通产业的过程中由于相关技术发展的暂不完善、基础设施改造费用成本高等问题的存在，使物联网技术发展智能交通也面临着许多的困难，主要表现在：

第一，利用物联网技术发展智能交通的技术改造等费用较高。利用物联网技术发展智能交通的技术改造包括对现有交通网络的技术升级、核心物联网技术的购买和研发等方面，这需要花费较大的技术改造和研发成本。同时，虽然智能交通对物联网有着强大的应用需求，但是如何找出物联网与交通行业的结合点，推进这项先进信息技术在交通运输行业上的应用还需要花费较大的人力和物力。

第二，利用物联网技术发展智能交通的核心技术需要进一步完善。在物联网的关键设备研究中，需要突破关键技术、自主研发，例如 RFID 芯片的研究，这是我国当前物联网技术发展智能交通的核心技术，需要加快攻关力度。当前虽然杭州市物联网技术的开发处于国内第一方阵，但是发展智能交通的相关核心技术还需要进一步完善。

（2）利用物联网技术发展智能交通的应用领域

利用物联网技术发展智能交通的领域非常的广泛，利用物联网技术可打造杭州智能交通信息平台，提高交通运行效率，缓解城市交通压力，主要涵盖智能交通管理系统、智能车辆控制系统、新型货运系统、自动道路系统、智能公交系统等，具体如图 5.13 所示。

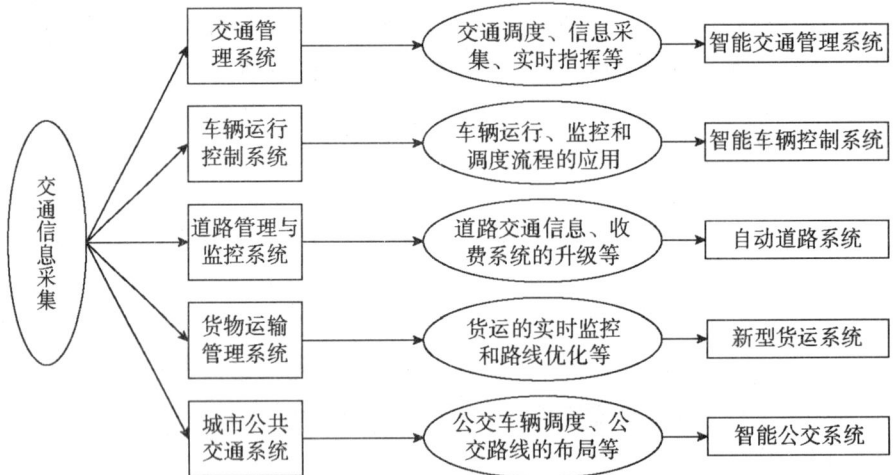

图 5.13　物联网技术在交通领域的应用

智能交通管理系统：整合地感线圈、雷达测速、视频抓拍、智能分析、流量统计、卫星通讯等技术，利用传感技术、RFID 技术、定位技术、电子结算技术开发城市交通系统的监控，智能交通调度、实时信息发布、实战指挥的综合性解决方案。包括智能交通指挥、监控、协调等子系统。

智能车辆控制系统：包括城市车辆自动停车管理、车辆电子车牌信息、车辆调度信息优化系统、高速公路车流信息采集、车辆违规信息处理等。

自动道路系统：包括停车诱导系统、智能车库系统、道路停车自动收费系统、交通信息采集和处理系统、交通信号灯智能化、智能变轨、轨道设备安全信息采集等。

新型货运系统：通过联网技术对货物运输进行全程和实时监控，包括运输全程监控系统、货物组合优化系统、货物智能管理系统、运输路线优化系统等。

智能公交系统：实现实时感知城市公交交通状况，集成公交车辆和出行人群信息，优化公交线路布局，实时调度公交运行车辆，提高城市公交运行效率。

（3）利用物联网技术发展杭州市智能交通的产业布局

近年来，杭州市交通产业发展迅速，2009 年全市货物运输总量 2.19 亿吨；旅客运输量 3.01 亿人次；至 2009 年末，萧山国际机场已开通航线 160 条，全年民航旅客进出港达到 1494.47 万人次。2009 全年新增公路里程 412.91 千米，至 2009 年末，全市境内公路总里程达到 15112.44 千米，其中高速公路 503.28 千米。机动车辆持续增长，2009 年末全市社会机动车拥有量达 157.89 万辆。面对巨大的交通产业市场，杭州市政府部门和企业等积极利用物联网技术发展智能交通，优化智能交通产品系列。通过政企合作建设、政府购买服务等方式利用传感技术、RFID 技术、定位技术、电子结算技术以及各类监控设备、显示设备，开发和实施智能交通指挥系统、停车诱导系统、智能车库系统，打造杭州智能交通信息平台。市建委、杭州海康威视数字技术股份有限公司合作建设的智能交通整体解决方案；市建委、浙江银江电子股份有限公司合作建设的基于无线传感器网络的停车管理和诱导系统等助推杭州市智能交通产业的发展。杭州市可选择重点发展以下产业和产品，如图 5.14 所示。

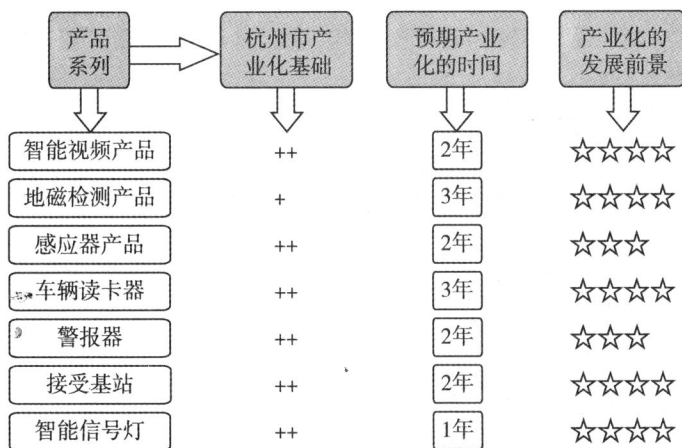

图 5.14　杭州市利用物联网发展智能交通的重点产品

交通信息稽查产业：交通信息稽查产品是可独立完成视频采集、交通信息发布、牌照识别、识别结果传送、缴费状态异常车辆报警等工作,是综合视频图像处理技术、智能识别技术、数据库技术和电子技术为一体,能实现对运行车辆的缴费状态和入籍状态动态实时的监督和查询,极大地节省了交通稽查人员的时间和精力,有效地防止了车辆漏费和逃费。同时可实现汽车牌照号码和颜色的自动识别,可以在稽查管理中完成自动监控、自动登记、自动统计、自动验证、自动比对、自动报警等诸多功能。交通信息稽查产品具体包括动视频监控报警器、录像识别器、数据处理中心、视频智能处理、高清数字摄像、红外成像以及高清视频编解码、无线网络通信技术产品、接收基站、卫星导航定位接收器等。

智能停车场管理产业:针对建设安全文明小区的管理需要,以物业小区内的停车场智能化管理为目标,重点以小区内购买固定卡停车用户为服务对象,以达到停车用户进出方便、快捷、安全,物业公司管理科学高效、服务优质文明的目的。对提高物业管理公司的管理层次和综合服务水平方面将起重要的作用。以非接触式射频卡为车辆出入停车场凭证、以车辆图像对比管理为核心的多媒体综合车辆收费管理系统,将先进的 2.4G 射频卡识别技术和高速的视频图像存储比较相结合,通过计算机的图像处理,对车辆进出停车场的收、保安和管理等进行全方位管理。智能停车场管理产品具体包括射频卡、图像识别系统、车辆进出场读卡器、彩色摄像机、智能信息处理、警报器、连接器等。

智能交通诱导产业:针对城市交通拥堵的现状开发和生产智能交通诱导产品。采用视频识别、地感线圈、微波等感知技术,搭建城市交通信息综合采集系统技术环境、数据应用共享平台和交通运输管理控制系统,推动物联网技术在交通信号控制、交通诱导等方面的示范应用。主要产品包括智能信号灯产品、公共交通工具信息反馈产品、交通实时数据传输线路、地磁车辆检测器、RFID 感应器、卫星导航定位接收器、雷达、声呐装置等。

(4) 杭州市智能交通的典型产业发展模式:杭州智能交通信息处理系统

由市建委、杭州海康威视数字技术股份有限公司合作建设的智能交通整体解决方案、市建委、浙江银江电子股份有限公司合作建设的基于无线传感器网络的停车管理和诱导系统、市建委、华数数字电视传媒集团合作建设的基于物联网的泛在交通智能感知和调度系统项目等在逐步完善和发展杭州市智能交通信息处理系统。纵观此系统,一个共同的特征是基于无线传感网的智能交通在交通信息采集方面,通过采用非接触式地磁传感器来定时收集和感知区域内车辆的速度、车距等信息。当车辆进入传感器的监控范围后,终端节点通过磁力传感器来采集车辆的行驶速度等重要信息,并将信息传送给下一个定时醒来的节点。当下一个节点感应到该车辆时,结合车辆在两个传感器节点间的行驶时间估计,就可估算出车辆的平均速度。多个终端节点将各自采集并初步处理后的信息通过汇聚节点汇聚到网关节点,进行数据融合,获得道路车流量与车辆行驶速度等信息,从而为路口交通信号控制提供精确的输入信息。通过给终端节点安装温湿度、光照度、气体检测等多种传感器,还可以进行路面状况、能见度、车辆尾气污染等检测。

信息采集子系统通过传感器采集车辆和路面信息,策略控制子系统根据设定的目标运用计算方法计算出最佳方案,并输出控制信号给执行子系统,以引导和控制车辆的通行,达到预设的目标。在这个信息网络中,车辆就是个智能体,通过处理海量信息的云计算功能,车辆智能体的各种信息可以共享和整合,再反馈到车辆智能体,实现各种管理和服务功能。

4. 智能环保检测

围绕生态监测、保护,将无线传感器网络技术、地理信息技术等运用到无人维护、条件恶劣的生态环境监测中,在无需人工干预的条件下实现生态监测、数据存储与交互,提高生态监测实时性、可靠性,扩大生态监测范围。在智能监测产业领域中,杭州市相关企业和科研院所的技术研发和产业化应用研究能力较强,浙江环茂自控科技有限公司、聚光科技(杭州)有限公司、中控科技集团有限公司等为杭州市基于物联网技术的智能监测产业发展打下了良好基础。

(1)利用物联网技术发展智能环保检测的机会和困难

基于物联网技术的智能监测系统可以利用传感器技术、地理信息技术和全球定位系统等对水质、大气等生态数据进行实时收集和准确分析,及时预警和预报,防止水体、大气的污染事故发生,提高生态监测的实时性、准确性和可靠性。

第一,基于物联网技术的智能监测系统可以提高生态监测的信息化水平和智能化水平。利用物联网技术,将传感器网络技术和地面监测有机地结合起来,从宏观角度和微观角度来全面了解生态环境质量状况。监测网络设计的一体化增强区域间的数据可比性、评判结果的可靠性。利用传感器网络技术实现对水质监测数据、大气数据、地下管网等数据的实时采集,避免了传统分散、低效的数据收集方式,实现了数据收集手段的多样化,保证了智能环保检测系统分析和决策的准确性和自动化,减少人工干预工作量和人力资源的投入。

第二,利用物联网技术可以对生态信息进行全面实时监测,以实现对环境污染、管道泄漏等事故的预报、预警。通过无线传感器技术和无线通信技术对水资源、大气环境、地下管网和森林生态进行连续检测和远程监控,及时掌握实时的息,进行在线监控。预警、预报水体大气污染、管道泄漏以及森林生态安全事故等。为有关部门进行决策,采取及时的保护措施提供重要依据。

利用物联网技术可以大大提高生态环境检测的效率和准确性,对生态环境进行可靠准确的实时监测,预报环境污染并迅速采取相应的措施,减少环境污染对杭州市人民群众饮食质量和生活质量的影响。但是,物联网技术在智能环保检测方面的应用推广仍然面临着一些困难。

第一，目前应用物联网技术对发展智能环保检测的技术改造费用较高。利用物联网技术发展智能环保检测的技术改造包括现有的检测网点的技术升级、核心物联网技术的购买和研发等方面。而智能环保检测对物联网技术有着强烈的需求，需要加强食品安全检测系统的技术研究，加强市场应用，形成规模经济，降低系统的应用成本。

第二，利用物联网技术发展智能环保检测对设备的技术含量、质量和使用寿命有很强要求。各监测网点和传感器网络的分布在复杂的自然环境中，面对生态环境的复杂性、多样性以及恶劣的环境，各种物联网的核心设备需要在无人维护的复杂、恶劣的自然环境中正常工作、检测并收集数据以及准确实时的数据传输。

（2）利用物联网技术发展智能环保检测的应用领域

利用物联网技术发展智能环保检测的领域非常的广泛。利用传感器网络技术、地理信息技术和全球定位技术等可以对生态环境实时的监控和数据的传输并进行智能的分析，在无需人工干预的条件下实现生态监测、数据存储与交互，提高生态监测实时性、可靠性，扩大生态监测范围。主要涵盖智能水资源保护监测、智能大气环境监测、智能地下管网监测、智能森林生态安全监测，具体如图 5.15 所示。

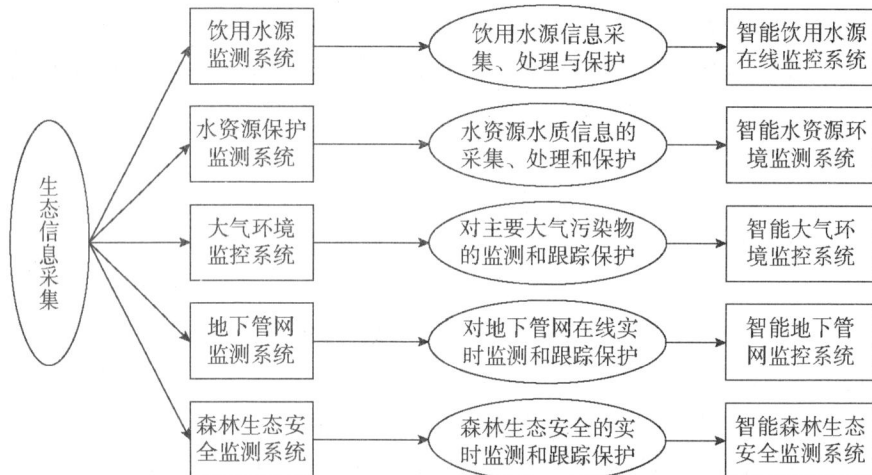

图 5.15　物联网技术在智能环保检测的应用

智能饮用水源在线监控系统：为杭州市各个水库等饮用水源运用水文、地质、灾害报警探测器，红外线报警探测器，磁控报警探测器，易燃易爆探测器，有毒有害气体探测气，水污染报警探测器，结合 GPS 技术对饮用水源进行实时在线监控，有效防止污染水源的蔓延和扩大，起到对饮用水源监测环境保护预警监控的作用。

智能水资源环境监测系统：运用无线传感器网络技术，对城区内西溪湿地、西湖、运河、钱塘江流域以及其他县、市（区）重点水资源保护区域进行实时在线监测和动态跟踪保护，进一步减少和遏制水体污染事故发生。

智能大气环境监测：将传感技技术、无线通信技术与大气监测仪器设备相融合，实现对大气的连续监测和远程监控，及时掌握监测区域的气象状况，预警、预报重大大气污染事故，定点监测污染区域的发展态势。

智能地下管网监测：将传感器（压力传感器、加速度传感器、气体传感器和温度传感器）、定位技术、地理信息技术等相结合，实现对自来水、天然气等地下管网的在线实时监测，有效破解地下管网监测难题，及时、精确发现施工破外、泄露等不安全因素，提高地下管网运行的安全性，降低维护成本。

智能森林生态安全监测：将传感器技术、移动通信技术融合应用到森林生态安全监测领域，建立动静结合的异构传感器节点监控体系，完成林区生态信息大范围、深层次、全方位的采集、分析，实现森林生态安全的实时监控，准确及时地预测和报告森林灾害发生及发展态势。

（3）利用物联网技术发展杭州市智能环保检测的产业布局

面对当前水资源保护、大气环境、地下管网和森林生态监测的巨大需求，杭州市政府、企业等可以积极利用物联网技术发展智能环保检测来缓解环保压力、为建设生态杭州提供科学的决策依据。通过企业自建、政企合作建设、政府购买服务等方式利用传感技术、全球定位系统、地理信息技术、移动通信技术以及各类监控设备、显示设备，开发和实施杭州市饮用水源在线监控系统、物联网环境监测项目、杭州市大气环境在线监测系统、城市管网监控系统、森林生态安全监测系统，全力打造杭州智能环保检测信息平台。目前，浙江环茂自控科技有限公司在自行建设杭州市饮用水源在线监控系统，聚光科技（杭州）有限公司在自行建设杭州市大气环境在线监测系统和物联网环境（水资源）监测项目，市建委和中控科技集团有限公司在合作建设城市地下管网监控系统，临安纽纳新网电子科技有限公司、浙江省林业厅生态工程中心、临安微创网络信息工程有限公司在合作建设森林生态安全监测系统。这些项目的顺利实施将大力推进杭州市智能环保检测信息平台的建立。杭州市可选择重点发展以下产业和产品，如图5.16所示。

实时环境信息采集相关产业：针对复杂和恶劣的自然环境开发和生产实时信息采集产品。采用无线传感器网络技术，对杭州市的各区域的水资源、大气环境、森林生态以及地下管网的信息进行实时采集，为智能环保检测信息平台的搭建提供及时准确的数据和信息。实时环境信息采集产品系列主要包括各类传感器、影像摄录设备、影像资料预处理设备、GPS信号接收机、地理信息系统技术、各种网络终端设备、红外成像以及无线网络通信技术产品等。

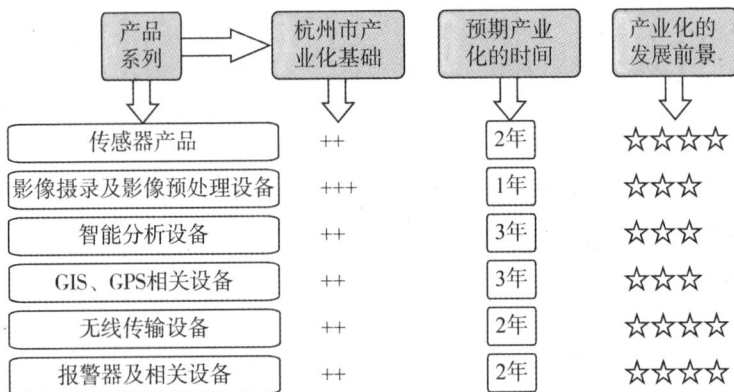

图 5.16　杭州市利用物联网发展智能环保检测的重点产品

智能信息处理与分析和生态报警相关产业：利用传感器网络技术采集各种环境信息，在此基础上对杭州各区域水资源、大气环境、森林生态以及地下管网的状况进行实时的智能分析，并在发现生态污染或地下管网泄漏的时候第一时间向有关部门报警，以便相关部门及时作出调整和保护措施，将生态事故造成损失减到最小。智能信息处理与分析和生态报警相关的产品系列主要包括智能芯片、报警器及相关设备、影像识别系统、无线网络通信技术、GPS 技术以及各种终端设备等。

（4）杭州市智能环保检测的典型产业发展模式：智能环保检测信息系统

浙江环茂自控科技有限公司在自行建设杭州市饮用水源在线监控系统，聚光科技（杭州）有限公司在自行建设杭州市大气环境在线监测系统和物联网环境（水资源）监测项目，市建委和中控科技集团有限公司在合作建设城市地下管网监控系统，临安纽纳新网电子科技有限公司、浙江省林业厅生态工程中心、临安微创网络信息工程有限公司在合作建设森林生态安全监测系统。这五个系统的建设完善和发展了杭州市智能环保检测信息系统。纵观整个系统，它利用传感器技术等技术手段解决了生态环境监测中最重要也是最难的环境信息的实时动态的采集并进行在线监控。智能环保检测信息平台连接相关部门的数据库，利用传感器技术大尺度监测、信息更新快的特点，通过无线传感器技术、无线通信技术、全球定位技术和地理信息系统技术等技术手段，实现长期、连续地对包括钱塘江和西湖等地的水资源的水质信息（包括水体悬浮物、水体富营养化、水污染等）、各个区域的大气环境信息、城市地下管网监测信息以及森林生态安全信息进行实时的动态采集和在线监控，对水体污染或者突发性水体污染事件、大气污染、管网泄漏以及森林生态安全事故进行准确的分析和定位并第一时间向有关部门报警以便有关部门及时采取措施，控制并使水体污染、大气污染、管网泄漏和生态安全事故造成的损失减到最小。

第六章
国内外智慧城市建设的政策体系与保障措施

（一）国外智慧城市建设的政策措施

国外许多国家和地区都把智慧城市建设列入中长期发展战略，并采取了一系列相关的政策与措施。

美国纽约市在世纪之交就提出了"智能化城市"计划，2009 年 10 月，纽约启动"连接的城市"行动计划，普通民众、政府和企业之间的联系，包括以下几各方面：实施移动通信和 311 网络热线服务；启动电子健康记录与服务；整顿全市数据中心，实施"纽约市 IT 基础设施服务行动"计划；改造升级政府部门的电子邮件系统，提高政府工作效率；建立"纽约市商业快递"网站，提高政府对企业的服务效率；把宽带服务引进每个社区和每所学校，向低收入群体普及宽带服务；建立智能交通系统和智能停车系统。

英国伦敦市政府先后提出了电子伦敦（e-London）和伦敦连接（London Connects）战略，两项战略都是从政府如何更好地提供公共服务的角度，阐释信息化在更好地传递服务、降低成本方面的重要作用。

法国巴黎市政府于 2006 年推出"数字巴黎"计划，采取了以下措施：各地方政府普遍成立由市长、市议会议员、电信专家组成的工作小组，小组下设城市、农村、企业和电子政务四个项目推动小组，负责在各领域推广宽带网络和应用服务项目；要求各级政府行政管理部门提供的窗口服务必须进入网络；在推进政府、企业和家庭上网的同时，积极推广电子商务、网上教育、网上医疗、网上救助、消费卡、居民卡等信息服务，鼓励更多的企业和居民应用网络；积极发展电子政务，带动全社会信息化的发展。

瑞典斯德哥尔摩市是信息化发展的代表城市。为更加便捷有效地为辖区内的居民提供高质量的诊疗服务，斯德哥尔摩市开始构建跨市的电子健康档案系统；公共服务信息化。斯德哥尔摩是世界上首个将智能电网转为商业用途的城市，市民可以在自家的屋顶上生产太阳能，富余的能源可以放进电网中出售。

韩国首尔市 2011 年发布了"Smart Seoul 2015"计划，指出 2015 年，首尔市将利用智能手机办公,解决市民的需要;市民在任何公共场所都可以免费使用无线网络;行政、福利、生活等所有领域都将通过信息技术服务市民,实现使用智能机器的"灵活办公";并构筑社会安全网。仁川市政府联合本土及跨国企业,共同打造松岛新城智慧城,聚焦城市的各个方面,包括智慧工作空间、智慧交通、智慧楼宇、智能能源、智能社会等,所有这些连接在一起形成整体智慧体系。

新加坡则于 2006 年 4 月正式推出第六个为期 10 年的信息通信产业发展蓝图——《智慧国家 2015 规划》。通过改造政府、金融、教育、医疗保健、媒体娱乐、制造与物流、旅游与零售业七大主要领域,使得新加坡可以占据全球经济生态链条的高端,促进新加坡在国际经济舞台上的核心竞争力。

在爱沙尼亚,通过网站文件系统,内阁会议已变成无纸会议,同时所有的爱沙尼亚学校均可上网。带有 IC 卡的身份证和手机是爱沙尼亚人的两大信用终端,通过它们人们可以实现自己的全方位电子生活。

马来西亚在 1995 年底提出建设总面积为 750 平方千米的多媒体超级走廊规划。该走廊范围涵盖吉隆坡城市中心、布特拉贾亚政府行政中心、电子信息城、高科技技术孵化创新园区和吉隆坡国际机场,整个项目具体包括 7 个"旗舰计划":即电子政府、智慧学校、远程医疗、多用途智慧卡、研究与开发中心、无国界营销中心和全球制造网。

国外智慧城市建设的政策虽然不完全相同,但总的来讲有以下几个方面的共同政策举措。

(1) 制定和推进一系列强有力政策、规划和顶层设计。美国奥巴马政府认为"智慧地球"与克林顿的"信息高速公路"战略同等重要,将"智慧地球"上升为美国国家战略。首尔在 2006 年就启动了智慧城市建设,核心是通过建设覆盖全市互联网,使市民可随时随地使用或办理各项社会服务,提出"利用大数据解决市民小烦恼"的口号。新加坡在 2006 年启动了具有重要战略意义的"智慧国 2015 计划",制定了四大策略:第一,建立超高速、广覆盖、智能化、安全可靠的信息通信基础设施;第二,全面提高本土信息通信企业的全球竞争力;第三,建立具有全球竞争力的信息通信人力资源;第四,强化信息通信技术的尖端、创新应用。2009年 7 月,日本推出"I-JAPAN 战略 2015",旨在到 2015 年实现以人为本"安心且充满活力的数字化社会",让数字信息技术如同空气和水一般融入生产生活的每个角落。

(2) 吸引和鼓励民间力量参与,加强与公众互动,获取广泛支持,同时引入竞争机制,促进信息产业发展,提高建设效率。在以上首尔、新加坡、纽约、斯德哥尔摩智慧城市建设中,政府无一例外地都与相关企业合作,给予相关企业政策支持,并引入竞争机制。韩国松岛智慧城市建设使用了多渠道、组合式的融资方式,鼓励地产开发商参与智慧城市建设,进行风险投资。

(3)注重智慧服务,加强"智慧保障民生",避免简单的技术应用与单纯的智能管控。各国致力于用精准、可视、可靠、智能的城市管理推进城市管理和运行的智慧化。首尔的智慧城市建设重点应用领域包括政务、产业、交通、环境、福利、文化等。美国科罗拉多州的博尔德市于 2008 年 8 月启动了智能电网城市工程,成为美国第一座开展智能电网的城市。2009 年 9 月,美国迪比克市宣布将建成世界上首个一体化的"智能城市",建设智能水、电和交通运输体系。新加坡、纽约和斯德哥尔摩也都是把惠民放在智慧城市建设的核心位置。

(4)开展智慧城市试点工作,逐步推进智慧城市建设。2007 年英国在格洛斯特建立了"智能屋"试点,将传感器安装在房子周围,传感器传回的信息使中央电脑能够控制各种家庭设备。阿姆斯特丹为了解决移动交通工具二氧化碳排放该市的环境造成了严重的影响这问题,实行了 Energy Dock 项目,该项目通过在阿姆斯特丹港口的 73 个靠岸电站中配备了 154 个电源接入口,便于游船与货船充电,利用清洁能源发电取代原先污染较大的柴油发动机。美国加利福尼亚州圣何塞 2009 年 4 月启动了智能道路照明工程,其控制网络技术不受灯具的约束,有效地为各种户外和室内照明市场带来节能、降低运行成本、实施远程监控以及提高服务质量等好处。

(5)大力推进公共信息平台的使用,实现信息的共享。法国巴黎大区政府将和文档合作基金(the Document Foundation)一起提供 SAAS"云"模式("软件即服务")的自由办公室(Libre Office)服务。该基金的办公室将免费享有"云"自由办公室的服务,同时,该地区的高中教育部门也将享有此项服务。同时,注重建立规则和培养秩序,政府在带动市场发育的同时也发挥了指导和协调作用。法国布雷斯特市于 2011 年 10 月开启了法国第一个用于试验 4G 服务的平台 Imagine Lab,平台提供了高速的新型移动网络服务,供公众使用。

(二)国内智慧城市建设政策分析范畴

围绕我国智慧城市建设这个主题,我们查找了大量的相关政策文件,以便梳理出推进国内智慧城市建设的政策体系,主要涵盖以下及几个部分的政策体系。

国家层面的政策,我们研究了工业和信息化部等六部委发布的《关于数据中心建设布局的指导意见》、国务院正在征求意见的《促进我国智慧城市健康有序发展的指导意见》、《物联网"十二五"发展规划》、《国务院关于印发进一步鼓励软件产业和集成电路产业发展若干政策的通知》,等。

省市层面的政策,包括《上海市推进智慧城市建设 2011—2013 年行动计划》、

《推进大数据研究与发展三年行动计划（2013—2015年）》（上海）、《上海十二五信息化规划》、上海市经信委《关于加快推进本市智慧园区建设的指导意见》、《智慧深圳规划纲要》、《智慧浦东建设纲要》、《关于印发重庆市大数据行动计划的通知》、《无锡智慧城市建设》、《天津市物联网产业发展"十二五"规划》、《广东省国民经济和社会信息化"十一五"规划》、《广东省信息化促进条例》、《北京十二五时期标准化发展战略》、《湖南标准化十二五发展规划》、《关于加快发展物联网建设智慧广东的实施意见》、《北京市"十二五"时期城市信息化及重大信息基础设施建设规划》、《宽带北京行动计划（2013—2015年）》、《"十二五"时期海淀区智慧城市建设的目标及策略研究》、《关于建设智慧广州的实施意见》、《南京市"十二五"智慧城市发展规划》、《海南省"信息智能岛"规划》、《关于上海加速发展现代服务业的若干政策意见》、《青岛市物联网应用和产业发展行动方案》、《北京市经济和信息化委员会关于开展"智慧北京"需求与产业对接工作的通知》、《常州"智慧城市"发展规划》、《智慧北京行动纲要》、《福建省"十二五"数字福建专项规划》、《无锡市物联网产业发展规划纲要》、《山东省信息化促进条例》、《山东省物联网产业发展规划纲要（2011—2015）》、《智慧佛山规划纲要》、《智能成都规划纲要》，等。

浙江省内的政策，包括《浙江省人民政府办公厅关于开展智慧城市建设试点工作的通知》、《浙江省人民政府关于务实推进智慧城市建设示范试点工作的指导意见》、《浙江省智慧城市大型专用软件产业技术创新综合试点方案》、《慈溪市智慧城市建设"十二五"规划》、《智慧舟山建设纲要》、《宁波推进智慧城市建设的决定》、《浙江省人民政府关于推动现代装备制造业加快发展的若干意见》、《浙江省信息化建设规划纲要（1998—2010年）》、《宁波市加快创建智慧城市行动纲要（2011—2015）》、《浙江省人民政府关于进一步加快发展服务业的若干政策意见》、《2012年宁波市加快创建智慧城市行动计划》、《"智慧杭州"建设总体规划（2012—2015）》、《温州市智慧城市创建实施方案》、《嘉兴市"智慧城市"发展规划（2011—2015年）》、《浙江舟山群岛新区建设三年行动计划》，等。

同时，我们也拜读和查阅了2013年以来20余份国务院和浙江省领导的相关批示，提炼出来了部分适用政策措施。通过以上研究分析形成了国内外智慧城市建设的政策体系与保障措施。

（三）国内智慧城市建设的政策措施

1. 培育智慧产业体系的政策措施

（1）推进智慧产业基地建设

《宁波市加快创建智慧城市行动纲要（2011—2015）》指出：依托各县（市）区

现有基础,结合各自优势,争取在每一个重点行业培育一批智慧产业示范推广基地,引进和培育一批信息化程度高、管理精细、服务高效、特色明显,具有较强行业示范带动作用的企业,以推进产业整体发展。依托产业基地,重点引进和集聚一批具备较大规模和较强创新能力的企业,吸引世界五百强及国内大型公司在园区落户或设立研发中心。积极引导民营资本和科技人员、大学生投资创业。

《常州"智慧城市"发展规划(2012—2016年)》提出:创建智能制造装备特色和示范产业基地10个,树立重点示范企业100家,初步建成龙头型企业竞争力强、骨干型企业活力充沛、专精特型企业优势明显的智能制造装备产业集聚区。2011—2013年,围绕物联网终端核心芯片、RFID读写器具、传感设备、新型综合业务终端、集成设备、系统平台及中间件等重点领域,组织开展20个以上物联网产品研究及产业化示范项目,加快自主创新成果产业化,带动产业规模化发展。2011—2013年,围绕交通、物流、电网、水务、金融、社区、安防、医疗等领域,研究并提供物联网应用解决方案,组织实施20个以上物联网应用系统研究及产业化示范项目,为物联网大规模应用提供产业支撑。

《深圳推进物联网产业发展行动计划(2011—2013年)》指出:打造物联网示范产业园。在南山蛇口工业区建设深圳物联网应用示范产业园,充分利用南山区集聚大量物联网企业的产业基础优势,2012年年底前扶持至少40家相关企业入园孵化发展。该产业园重点建设物联网在智慧社区、智慧家园及智慧物流三方面的示范应用,带动系统集成、通讯、云计算和元器件产业的集聚发展,促进物联网行业相关产业和投资业的发展。

(2)建设智慧企业总部经济

《宁波市加快创建智慧城市行动纲要(2011—2015)》鼓励总体实力较强、管理基础较好的装备制造、石化、新材料、纺织服装、文具模具等总部企业,加快智慧技术在研发、制造、管理和营销等环节的应用,培育形成一批智慧型的企业总部。发挥自身优势,加强对外合作,着力引进一批智慧型的企业总部。通过信息化网络化发展,促进民营企业合作和优化重组,使其加快转变成智慧的企业总部。

(3)创新智慧产业发展环境

《常州"智慧城市"发展规划(2012—2016年)》提出:充分发挥发展智能制造装备产业的资源优势,以提升常州市智能制造装备产业竞争力为主线,在有利于资源有效配置与产业合理布局的情况下,确定重点产业与重大项目的布局与落地;制定相关政策,有效鼓励智慧化应用与创新,鼓励民营经济在城市信息化建设中发挥积极的作用。一是对于参与投标智能城市建设的龙头企业,要求其在本地设立研发中心;二是对于重大工程项目,鼓励外地投标企业联合本地企业竞标;三是在重大工程中留出一定比例,鼓励本土智能产业发展。努力构建有利于各类人才创新创业的发展环境。依托"龙城英才计划"，支持高等院校、科研院所科技人员和海外留学人员以自主技术成果来常州创业。依托本市高校资源，加快高等教育和职业技术教育改革和发展，推动专业和学科调整，着力培养智能城市建设人才。完善创新人才的培养、发现、引进和使用机制，切实营造"育得精、引得进、留得住、用得好"的人才环境。

《中共广州市委广州市人民政府关于建设智慧广州的实施意见》建议：推动各产业园区建设"无线园区"、公共创新云服务平台等一批基础设施。培育和引进一流的研究、教育、检测认证、风险投资、股权投资、小额贷款和融资担保、科技中介机构等创新资源。

（4）培育智慧产业龙头企业

《中共广州市委广州市人民政府关于建设智慧广州的实施意见》建议：加快研发物联网、云计算等重点领域的关键与核心技术，开发一批具有自主知识产权、在国内处领先水平的物联网应用技术产品，形成一批龙头骨干企业。集成创建面向各行业的云计算基础设施和服务平台，为本市及周边地区各类用户从事研究、开发、测试提供应用环境和服务支撑。（嘉兴市"智慧城市"发展规划）在物联网、云计算、新一代移动通信、移动互联网、电子商务等领域打造 10 个有国际影响力的龙头骨干企业。

《浙江省人民政府关于进一步加快发展服务业的若干政策意见》鼓励：引进企业总部和行业龙头企业。对当年引进全国性金融保险机构总部（或跨国公司区域性总部）的，继续给予引进地财政一次性奖励。对新引进的服务业大企业大集团或其设立的地区总部、服务业行业龙头企业、服务业高端企业，依据其税收贡献、吸纳就业和产业水平情况，经省有关部门认定，由省服务业财政引导资金给予一次性奖励。鼓励引进国内外著名服务企业总部、地区总部、采购中心、研发中心，各级政府对引进企业在自建、购买或租赁办公用房上给予支持；对新引进的省外企业集团总部，报经地税部门批准，可给予三年内免征房产税、城镇土地使用税的优惠。对上述新引进企业的高管人员，经当地政府批准，给予个人所得税的返还奖励。各地可结合当地实际制定引进服务业企业总部和行业龙头企业的具体奖励政策。

（5）支持政府通过发包方式购买公共服务

《关于鼓励政府和企业发包促进我国服务外包产业发展的指导意见》规定：进一步发挥政府采购的政策功能作用，鼓励采购人将涉及信息技术咨询、运营维护、软件开发和部署、测试、数据处理、系统集成、培训及租赁等不涉及秘密的可外包业务发包给专业企业，不断拓宽购买服务的领域。

《关于鼓励政府和企业发包促进我国服务外包产业发展的指导意见》提出：

凡购买达到政府采购限额标准以上的外包服务,必须按照政府采购有关规定,采购我国符合国家相关标准要求、具备相应专业资质的外包企业的服务。研究建立服务外包企业服务评价制度机制,选择具有一定承接能力的信息技术服务等服务外包企业,优先承接政府服务外包业务。

《国务院办公厅关于促进服务外包产业发展问题的复函》提出:自 2009 年 1 月 1 日起至 2013 年 12 月 31 日止,对符合条件的技术先进型服务企业,减按 15% 的税率征收企业所得税;技术先进型服务企业职工教育经费按不超过企业工资总额 8% 的比例据实在企业所得税税前扣除;对技术先进型服务企业离岸服务外包业务收入免征营业税。

朱云系在《创新政府购买公共服务的重点及政策设计》一文中提出将政府购买公共服务纳入财政预算,逐步扩大购买范围,向关系民生建设的智慧项目倾斜。对政府现有服务资源的整合和利用,依托各社区服务中心的场地和人力资源,成立"政府购买公共服务部",负责政府购买服务工作的统筹、组织、协调、评估和监督。

《深圳市服务外包公共平台发展专项资金管理暂行办法》规定:服务外包公共技术平台建设给予设备购置费 50% 支持,总额不超过 50 万元,待平台建设完成后一次性支付;运营费用每年支持总额不超过 15 万元;服务外包公共信息平台建设给予设备购置费 50% 支持,总额不超过 50 万元,待平台建设完成后一次性支付;运营费用每年支持总额不超过 10 万元;服务外包公共培训平台建设给予设备购置费 50% 支持,总额不超过 50 万元,待平台建设完成后一次性支付;运营费用每年支持总额不超过 30 万元。

《上海市北工业园区服务外包财税优惠政策》规定:允许服务外包企业出资人或投资者以经过评估验资的知识产权等非货币资本进行注册登记,最高不超过公司注册资本的 70%。

2. 加快智慧城市建设人才培育的政策措施

(1)建立人才集聚机制

《嘉兴市"智慧城市"发展规划》要求:落实和加强高层次人才引进的各项优惠政策,面向海内外高校、科研机构和高新技术企业,大力引进和高水平使用复合型高层次信息专业技术人才、高技能人才和网络设施与商业应用经营管理人才。在制定全年"人才引领计划"时,向海内外的智慧城市建设专业人才倾斜,大力引进智慧城市建设需要的高端创新创业人才、各类拔尖人才、急需紧缺的专业人才。

(2)建立人才培养机制

《青岛市建设"智慧城市"的思考》认为:需要加快建立物联网人才培养体系。由于企业是物联网产业发展的动力和实践者,高校和科研院所是物联网产业发展的支撑者和引领者,专业培训机构是物联网产业发展的润滑剂和助推器,四者需相互支持、相互配合,共同推进建设合理完善的物联网人才培养体系,形成以企业为主体,以高校和科研院所为支撑,以专业培训机构为补充的优势互补人才培养体系。建立研发和产业集聚带动人才集聚的机制,扩大对外开放和交流,引进技术和创业团队,吸引国内外知名企业和配套企业来青岛市共谋发展。

（3）建立人才基地建设

《青岛市建设"智慧城市"的思考》一文中提出：大力推进智慧人才基地建设,加快培养智慧城市建设紧缺的技能人才、复合型使用人才和高技能人才。加快高等教育和职业教育改革和发展,推动专业和学科调整,着力培养智慧城市建设人才。重点创建一批以智慧产业基地为依托的人才集聚平台和以智慧城市建设试点园区为主体的人才特区。进一步加强人才的生活保障和服务,积极营造事业召唤人才、人才发展事业的良好氛围。

3. 推进智慧城市应用平台建设的政策措施

（1）加快云平台建设

《"十二五"时期海淀区智慧城市建设的目标及策略研究》统筹规划：定位三大"云计算"公共服务平台,探索基于云计算服务的新型商业模式,支持传统产业转型升级,创新电子政务的体制和机制,降低社会服务成本。制定"云计算"平台相关技术标准和服务规范,有序推进云平台建设和应用。信息基础设施集约化建设平台。加快信息基础设施集约化建设,以下一代通信技术发展为契机建设覆盖全市的高速信息网络和宽带无线网络。全市无线网络覆盖率达95%。统筹规划和管理三网信息网络资源,推动广电和电信业务双向进入试点,探索三网融合协同机制。住宅小区信息基础设施集约化建设先行先试,解决"最后一千米"难题。政务信息资源交换共享平台。建设政务信息资源交换共享平台,解决政务信息资源纵强横弱、条块分割问题,创建信息交换、信息共享的方式和环境,规范数据采集口径、采集方式、服务方式,建立统一的资源信息整合与交换机制,构建新型政务模式。信息安全平台。建设具有全面防护能力的信息安全体系,统筹建设全市的灾备中心、病毒防范、无线电监管、信息安全应急等信息安全基础设施,有效保障网络、政务系统、重大民生系统以及各种新技术、新应用的安全运行。

（2）推进公共服务平台建设

《嘉兴市"智慧城市"发展规划》指出：公共服务总平台的建设以现有电子政务系统、公共事务系统和城市管理系统为基础,运用云计算、移动互联网等新一代信息技术,通过资源进一步整合,功能进一步扩充,系统进一步完善,最终建立规范统一的数据采集途径和手段、规范的数据处理方式、安全完备的数据存储体系、便捷有效的数据共享模式、智能信息标准和交换机制。

《2012 年浙江省物联网产业年度实施计划》决定：先期重点在智能交通管理、智能安全防范、智能生产制造、智能电网监控、智能卫生医疗、智能生活服务、智能安全生产管理、智能环保节能等领域,组织实施 10 项左右技术含量高、应用面广、影响力大的应用试点示范工程,以此引导全省物联网产业的发展。

（3）组建产业协会和推进中心

《浙江省人民政府关于印发浙江省物联网产业发展规划的通知》规定：由省内物联网产业相关优势骨干企业发起,成立省物联网产业协会和省物联网产业推进中心,加强行业自律,开展产业发展战略研究与咨询,组织和参与国内外物联网产业发展信息交流与对接,进行技术、产品、服务推介,监测和分析行业运行情况,组织人才培训与交流,发挥政府与企业之间的桥梁和纽带作用,进一步优化物联网产业发展软环境。

（4）搭建交流合作平台

《浙江省人民政府关于印发浙江省物联网产业发展规划的通知》规定：不定期举办国际性物联网产业发展报告会或高层论坛,邀请国内外物联网领域知名专家、领先企业、研究机构和非政府组织代表,研讨产业发展趋势与战略,交流物联网发展经验与模式,宣传和展示物联网前沿技术与产品,拓宽对外交流渠道,集聚创新要素。

《南京市"十二五"智慧城市发展规划》提出：加大与国家级科研机构和重点院校合作力度,共建"智慧产品"研发设计基地,着力引进一批国内外相关领域有实力的大企业、科研机构建立行业技术研发创新中心。加强制造企业的信息化管理和营销系统建设,提高制造企业管理水平和经营效益。

（5）积极推进智慧城市建设示范试点工作

《江苏省物联网产业发展规划纲要》提出：以应用创新、标准创新和商业模式创新带动相关产业发展（加强规划指导关于加快培育发展战略性新兴产业重点工作分工方案）。至 2012 年,以相对成熟的物联网应用领域和项目为切入点,建设智能工业、智能环保、智能交通等十大示范工程。至 2015 年,在全省大规模推广成熟的物联网应用,将江苏省打造成为全球有影响力的物联网应用先行区（江苏省物联网产业发展规划纲要）。面向重点领域,分期分批建设十大示范应用工程,为物联网产业发展培育良好的市场环境。在示范先行的基础上推动应用的工程化,由点到面、覆盖全省、辐射全国,将江苏省建设成为物联网应用示范先行区,推动物联网产业可持续发展。

《上海推进物联网产业发展行动方案》计划：建设物联网应用示范区,集中展示物联网应用技术和示范工程。在社区综合应用物联网相关技术,对城市基础设施进行监控;在居民家庭试点推广家域网,利用无线通信技术对家电、照明和家庭安防系统等进行组网，并实现远程控制；对社区居民试行健康监控，通过随身携带的健康监控仪，及时将居民的心率、血压、体温等基本健康数据发送到社区卫生中心，使社区医生及时掌握重点人群的健康状况。在嘉定、浦东等区县建立产业基地，形成若干个产业园区，集聚物联网相关企业，充分发挥产业集群优势，形成技术创新、应用方案创新和商业模式创新的合力。充分发挥区县积极性，在嘉定、浦东等区县建立物联网产业基地，建立应用示范园区和产业园区，鼓励物联网相关企业向产业园区集中，在用地、用房、研发补助、立项审批等方面向基地和园区内企业倾斜。以企业为主体，加快推进环境监测、智能安防、智能交通、物流管理、楼宇节能管理、智能电网、医疗、精准控制农业、世博园区、应用示范区和产业基地十个方面的物联网应用示范工程。

4. 建立智慧城市建设信息安全防范体系的政策措施

（1）信息安全顶层设计

《常州"智慧城市"发展规划（2012—2016年）》提出：加强统筹协调和顶层设计，健全信息安全保障体系，切实增强信息安全保障能力，维护全市信息安全。建设全市统一、完善的电子政务安全保障体系。建立信息安全等级保护制度和安全风险评估体系。制定信息安全总体实施规范和不同行业的应用指南，建立信息安全责任体系。建立重点信息系统的应急安全机制，组织应急预案编制和演练，提高信息安全事件应急处置能力，增强信息基础设施和重要信息系统的抗灾能力，为"智慧城市"保驾护航。

（2）推进信息安全机制建设

《嘉兴市"智慧城市"发展规划》提出：进一步完善信息安全保障体系，认真落实信息安全管理责任制，以现有政务网络和关系全市经济发展、社会稳定和国家安全的重要信息系统为重点，全面推行信息安全等级保护和风险评估制度，加强网络安全防护体系建设，定期开展信息系统安全检查。进一步加强信息安全测评认证体系、网络信任体系、信息安全监控体系及容灾备份体系建设，建立网络和信息安全监控预警、应急响应联动机制。按照《国家网络与信息安全事件应急预案》的要求，建立重点信息系统的应急安全机制，组织应急预案编制和演练，提高信息安全事件应急处置能力，增强信息基础设施和重要信息系统的抗灾能力。加快完善密码管理基础设施和电子政务统一认证服务平台，全面推广电子证书在电子政务、电子商务等系统中应用。加强信息安全技术攻关，加快建设信息安全评测中心，扶持发展信息安全产业，建立应急专家咨询和救援队伍。

《南京市"十二五"智慧城市发展规划》提出：要进一步完善信息安全保障体系，认真落实信息安全管理责任制，以政务内网和关系全市经济发展、社会稳定和国家安全的重要信息系统为重点，全面推行信息安全等级保护和风险评估制度，加强网络安全防护体系建设,定期开展信息系统安全检查。进一步加强信息安全测评认证体系、网络信任体系、信息安全监控体系及容灾备份体系建设,建立网络和信息安全监控预警、应急响应联动机制。按照《国家网络与信息安全事件应急预案》的要求,建立重点信息系统的应急安全机制,组织应急预案编制和演练,提高信息安全事件应急处置能力,增强信息基础设施和重要信息系统的抗灾能力。加快完善密码管理基础设施和电子政务统一认证服务平台,全面推广电子证书在电子政务、电子商务等系统中应用。加强信息安全技术攻关,加快建设信息安全评测中心,扶持发展信息安全产业,建立应急专家咨询和救援队伍。

（3）加强信息安全综合监管

《上海市推进智慧城市建设2011—2013年行动计划》提出:制定上海市公共信息系统个人信息保护的相关规定,加强个人隐私保护;研究制定本市公共信息系统突发事件处置和大型活动信息安全保障等相关规定,加大网络与信息安全协调机构的统筹力度;深入落实涉及国计民生等重要信息系统的信息安全等级保护、分级保护、风险评估、安全测评、应急管理、综合检查等监管制度;研究建立针对移动互联网、云计算、物联网等新技术、新应用信息安全评估制度。

（4）完善网络空间治理机制

《上海市推进智慧城市建设2011—2013年行动计划》提出:建立网络空间综合监测预警和态势研判机制,加强复杂网络环境下的信息安全战略研究;建立互联网有害信息集约采集和共享协作机制,提升工商、税务、质监、金融、出版等部门在互联网上的执法管理能力,督促电信运营企业和信息服务企业切实履行网络监测和信息审核义务;完成政府网站安全管理国家试点工作,实现本市500多家党政机关网站实名认证,推动互联网网站实名认证服务发展。

（5）提高全民信息安全意识

《上海市推进智慧城市建设2011—2013年行动计划》提出:在涉及国计民生重要信息系统的运维人员、软件和信息服务企业的项目经理中推行信息安全师、注册信息安全专业人员(CISP)等专业资格认证和职业培训项目,完成1000人次重要信息系统信息安全员的知识更新;定期开展信息安全活动周,组织信息安全技能竞赛,并通过讲座、展览和会议等形式提高全社会的信息安全意识;拓宽网络违法和不良信息的投诉和举报渠道,净化网络环境。

5. 推进建立统一智慧城市建设标准体系的政策措施

（1）智慧城市建设战略目标、评价指标及行业技术标准体系

《关于推进上海智慧城市建设的三点建议》建议:在市领导小组领导下,市的综合规划部门、经济信息、科技、统计等相关部门要进一步强化比较研究,明确上海建设智慧城市目标体系的精准定位。要组织力量,进一步全方位搜寻、占有当

今国际、国内智慧城市发展态势的最新信息(各类智慧城市及其主导产业、主导项目的推进计划及发展趋势、目标定位、评价指标、行业技术标准等详尽数据)，建立完备的智慧城市数据库。站在全球高端、前沿的视野上，与上海建设智慧城市现实基础、发展态势进行全面比对、研究，客观分析、分别明晰上海在当今国际现代都市、国内各类城市建设智慧城市所处的地位，分别明晰上海建设国际高端、国内高端智慧城市的优势和差距、有利条件与不利条件。在充分比较研究的基础上，进一步高起点地研拟本市建设智慧城市的目标体系，包括近期(三年)、中期和远期战略目标体系，进一步研拟、制定并发布本市建设智慧城市的各主导项目、主导产业的评价指标及各相关行业技术标准体系。编印并向全市发放《上海市推进智慧城市建设 2011—2013 年行动计划》，发布并推行全市智慧城市建设中、远期战略目标、主导项目和主导产业评价指标以及相关行业技术标准体系。

《杭州市智慧城市建设总体规划》提出：制定信息基础设施建设指标。先进的信息网络设施基本形成。无线城市和网络融合建设水平走在全国前列，互联网宽带接入率达到 95% 以上，无线宽带网络覆盖率达到 98% 以上。信息资源开发利用取得重大进展，建成比较完备的人口、法人、自然资源与空间地理、宏观经济等基础数据库，经济社会重点领域的信息资源综合数据库和专业数据库建设取得明显成效，建成市和各(市)区政务信息资源共享交换平台，形成较为完善的信息资源共享机制。制定智慧城市发展环境建设指标。组织机制和推进机制基本健全，规划、政策、法规和标准体系基本完善，信息安全保障水平显著提高，全民信息化素质和信息化应用能力显著提高，信息化人才引进和培育成效明显，信息化专业人才队伍不断壮大，国内外合作交流机制进一步完善。

(2) 完善标准法规体系、机制和政策

《南京市"十二五"智慧城市发展规划》要求：出台《南京市政务信息资源共享管理办法》，鼓励政府部门公开内部可共享信息资源，明确信息资源提供方的信息公开职责，形成数据生产、数据加工与数据服务的清晰链条，做到"一数一源"，保证信息的权威准确；对共享数据资源实现动态管理，明确信息资源使用各方查询、交换信息资源的管理流程，保证共享数据库中信息资源的及时更新。最大限度地降低政府信息采集与交换工作的成本，使政府信息的生产最经济、分配最高效，使社会对政府信息的使用最容易和最方便，政府信息的效用得到最大的发挥。根据信息资源目录体系国家标准，围绕信息资源采集、组织、分类、保存、发布与使用等信息生命周期各环节，加快建立符合南京市电子政务发展要求的信息资源规范和标准，包括信息资源分类标准、信息资源标识符编码规范、核心元数据编码规范、目录体系指南等，及时发布并指导各部门严格按标准规范进行信息资源采集、加工与交换活动。

《宁波市加快创建智慧城市行动纲要(2011—2015)》提出:加强信息化法规规范、制度规则、技术标准的创新和应用试点示范工作,提高智慧城市的法规规范、制度规则、技术标准的创新能力和保障能力,形成强有力的支持智慧城市健康发展的保障体系。结合智慧城市建设的需求和探索实践,着力引进培育一批相关领域的法规与标准研究机构和研究团队,在电子商务、公共卫生、现代物流、电子口岸、金融电子化、交通道路管理、城市管理服务等领域率先进行前瞻性研究,适时提出立法和标准化建议,推进有关立法项目和标准的起草论证。承担推进智慧城市建设工作的各相关部门要结合实际,按照各自职责及时提出制定地方性法规、政府规章和技术标准的建议。各有关部门通力协作,共同做好智慧城市建设有关地方性法规、政府规章和技术标准的起草和实施工作。

《中共广州市委广州市人民政府关于建设智慧广州的实施意见》要求:制定标准规范。推进智能化城市管理系统工程顶层设计,建立智慧城市的技术标准体系,推动光纤到户、通信基站选址、通信管道铺挖、信息安全以及智慧城市的关键应用领域建立技术标准规范。

(3)完善经费保障机制,建立标准创新奖励制度

《湖南标准化十二五发展规划》提出:建立由"政府牵头,质监综合管理,行业组织实施"的省部互动机制和奖励政策。建立标准化工程师、内审员、标准化专家认证制度,并设立标准化突出贡献奖。标准化工作的社会效益非常明显,需要财政、科技等有关部门一如既往的加大对标准工作的支持,每年投入的增长不低于国民经济的增长幅度,为湖南省标准化战略的实施提供必要的经费保障。引导和鼓励企业、社会加大对标准化活动的投入,尤其是对自主创新标准的研制给予支持和奖励。

《上海市标准化发展战略纲要》要求:各级政府要结合有关激励政策的落实,设立标准创新贡献奖,奖励在标准化领域做出突出贡献的行业组织、企事业单位、标准化专业技术组织和个人,进一步引导和推动上海标准化领域的技术创新和进步。相关行业组织、社会团体和有条件的企事业单位要结合实际,建立配套的标准创新奖励制度,进一步调动标准化工作者的积极性和创造性,推动标准化工作持续创新发展。

《北京十二五时期标准化发展战略》提出:完善《北京市技术标准制(修)订专项补助资金管理办法》,进一步加大对北京市企事业单位参与制修订技术标准的支持力度。制定引进国际国内标准化组织机构的支持政策。出台北京市科技计划支持重要技术标准研究与应用的实施办法,明确将形成技术标准草案作为科研项目验收的重要指标之一。将标准研究和制定成果纳入科技成果奖励范围。制定企业及联盟承担国际国内标准化技术委员会的鼓励政策。研究知识产权纳入

企业标准的扶持政策扶持政策和培育标准化咨询服务业的扶持政策扶持政策。完善政府采购政策,鼓励采购标准指标领先的自主创新产品。研究建立标准化统计制度。加大财政对标准化经费的投入。社会公益性标准化工作经费列入财政预算,优先支持公共安全、健康、环保、节能减排、城市基础设施建设、公共交通和其他涉及公共管理、公共服务等的社会公益性事业方面的重要标准的研究、制定和推广实施。加强对重大标准化项目经费支持力度,集中优势资源,重点保障战略性新兴产业和影响产业未来发展方向的重要标准研究、制定和推广实施。

6. 建立健全智慧城市建设机制体制的政策措施

（1）健全政府引导机制

《创建"智慧城市"之思考》认为：推进"智慧城市"建设,政府引导是关键,企业和市民是主体。一要设立"智慧浙江"建设专项资金。加大对"智慧城市"建设的统筹投入,创新政府扶持资金的有效动态支持机制。在"十二五"期间实施千亿投资和采购计划,重点对智慧技术和产品研发、智慧应用系统试点示范工程、智慧产业基地创建、人才引进和培养等方面给予政策支持,发挥好财政政策的杠杆效应。二要制订投资导向目录。鼓励民间资本参与"智慧城市"建设,加强与中国电信、中国移动、中国联通等国有大企业的战略合作,全面落实相关战略合作协议,引导金融机构创新项目授信和审贷方式,形成政府与企业多方参与、市场化运作的投融资机制。三要制定和完善政策法规。要在加强建立"智慧浙江"建设的政策法规、制度规范、技术标准的创新与应用的试点示范工作的基础上,制定保护信息知识产权和保障信息安全的政策法规,探索建立网络活动信用管理、信息交互共享管理等制度,着力营造智慧城市建设的良好法规制度环境,形成强有力的保障体系。

《关于推进上海智慧城市建设的三点建议》认为：一方面对推进发展智慧城市的新型业态完善相关配套政策,另一方面,对近几年出台的与智慧城市主导产业相关的各类政策进行梳理及宣导,尤其要在大量的政策真正落地上下工夫,根本转变广大园区、基地、中小民营企业、海归及大学生创业人员等,对相关政策不知道、找不到、看不懂、搞不清、没路径、没援助的政策缺位状况。市相关部门要联合编印《上海推进智慧城市建设政策指南》,力求图文并茂、通俗易懂,有针对性地对相关政策进行解读,清晰描绘获取各类政策援助的详细路线图。市区相关部门要组织对参与各类智慧城市项目的相关目标群体进行政策引导培训,对各类目标群体的创意、创业需求,强化分类指导,提供精准、到位、解决实际问题的政策援助。

（2）完善财税机制

《关于推进上海智慧城市建设的三点建议》提出：进一步优化智慧城市建设相关新兴主导产业、主导项目的税收政策。建立市、区两级政府推进智慧城市建设的政府性基金或专项资金,扶助智慧城市主导产业的重点开发、建设及产业升级项目。市区两级政府相关部门要积极引导广大国内外风险投资集团、私募基金公司等,投资并参与智慧城市建设有关重大建设项目,帮助高新技术企业、尤其是开发直接推进智慧城市新型业态的中小微型民营高新技术企业获得资本金投入与支撑。组织全市各类金融机构,完善投融资体系,有针对性地全力扶助符合智慧城市产业导向的广大中小微型企业,帮助他们解决融资难困境。

《关于上海加速发展现代服务业的若干政策意见》提出:各类服务业企业登记注册时,除依据法律、行政法规和国务院有关规定外,各部门一律不得设置前置性审批事项。对浦东新区工商分局登记权限内的外商投资现代服务业企业,实行直接登记办法。外资、民资在参与现代服务业企业的资产重组过程中,对整体转让企业资产、债权、债务和劳动力以及实施关闭、破产等的,可按照国家有关规定,予以享受企业税收优惠政策。加快对经营性事业单位实行企业化改造,按照国家相关政策,经市政府批准转制的科研院所等事业单位,从转制注册之日起,根据有关规定,享受企业税收优惠政策。各区县对引进的国内外著名服务业企业总部、地区总部、采购中心、研发中心等,经认定对其购地建设、购买或租赁自用办公用房给予相应的地价、房价或租金补贴。鼓励设计、创意、科技服务等服务业企业、研发机构以及产学研联合体开展技术创新活动,对其成果转化项目,经认定符合条件的,按照《上海市促进高新技术成果转化的若干规定》,予以享受有关优惠政策。对在本市新设立的金融机构总部,经认定符合条件的,可在"上海金融发展资金"中列出专项给予支持。支持和鼓励金融创新,对金融业务和金融产品创新有突出贡献的机构和个人,可按照规定给予适当的奖励。对政府鼓励的新办文化企业,自工商注册登记之日起,免征 3 年企业所得税。根据国家有关规定,允许投资人以商标、品牌、技术、科研成果等无形资产的所有权评估作价出资,组建文化企业,作价入股占注册资本的比例可达到 40%。制定本市文化产业发展专项资金使用和管理办法,采取贴息、补助等方式,支持文化产业发展。对从事数字内容产业研发和电子商务等企业,经认定,符合条件的,可予以享受《关于本市鼓励软件产业和集成电路产业发展的若干政策规定》的相关扶持政策扶持政策。推动市、区县两级政策性担保公司,积极为现代服务业的小企业提供短期资金贷款担保。鼓励各类风险投资基金向现代服务业领域投资。对经批准的纳入全国中小企业信用担保体系的担保机构按照国家规定标准收取的担保业务收入,可按照规定免征营业税。鼓励服务企业积极参与标准化工作,给予相应的技术支撑;加快制定相关服务标准,支持服务企业参与国际国内竞争。在政府价格管理中,引导服务业实行差别化收费,体现优质优价,促进企业提高服务质量,增强市场竞争力。继续清理涉及服务业的行政事业性收费,加强收费监管,规范收费行为。优化本市电价结构,按照国家电价改革的要求,逐步缩小服务业与一般工业电价的差价,最终实现价格并轨。率先在本市重点扶持的现代服务业企业进行改革试点。

《浙江省人民政府办公厅印发关于加快培育发展战略性新兴产业重点工作分工方案》提出：加大财政支持力度,创新财政资金管理机制,提高财政资金使用效率。发挥好现有创投基金作用,引导社会资金投向生物、新能源、物联网等战略性新兴产业重点领域。研究完善浙江省支持战略性新兴产业发展的税费激励政策。

（3）完善投融资机制

《上海市推进智慧城市建设2011—2013年行动计划》提出：建立智慧城市建设财政预算投入机制,加强本市相关专项资金向智慧城市建设项目聚焦,加大对前瞻性、公共性、示范性、协同型、创新型项目的支持力度,落实重点项目建设和运维资金保障;创新政府扶持资金支持方式,通过资本金注入、贷款贴息、服务外包补贴、融资担保等形式,吸引集聚民资、外资等社会资本参与智慧城市建设。进一步发挥市场优化资源配置作用,吸引各类企业参与项目建设;完善多元投融资机制,拓宽融资渠道,积极吸引风险投资、私募基金;鼓励金融机构加强金融产品和业务创新,加大对企业参与重大信息基础设施和重点项目建设的信贷支持;探索实施职务科技成果股权激励机制,充分调动科技人才创新创业的积极性。

《杭州市智慧城市建设总体规划》认为：智慧公共安全系统具有可经营性弱、收益低、保密性要求高、准入门槛高、对投资方吸引力小等特点,这些特点决定了这类项目必须由政府投资政府运营。智慧医疗系统、智慧城市管理系统具有可经营性弱、收益低、保密性要求高、准入门槛高、对投资方吸引力小等特点,但由于所需资金巨大如果完全由政府直接投资将导致政府财政资金短缺,这些特点决定了这类项目必须由企业投资政府运营的融资运营模式。智能交通系统这些项目具有可经营性强、收益高、准入门槛低、保密性要求不高、对投资方吸引力大等特点,这些特点决定了该类项目可以采取政府融资企业运营的融资运营模式。

《浙江省人民政府办公厅印发关于加快培育发展战略性新兴产业重点工作分工方案》提出：引导金融机构建立适应战略性新兴产业特点的信贷管理和贷款评审制度。积极推进股权、知识产权质押融资、供应链融资、贸易融资等金融产品创新。加快建立包括财政出资和社会资金投入在内的多层次担保体系。综合运用风险补偿等财政优惠政策,促进金融机构加大支持战略性新兴产业发展的力度。优先推荐战略性新兴产业领域符合条件的中小企业在中小企业板和创业板上市。支持战略性新兴产业领域符合条件的企业发行企业债券、公司债券、短期融资券和中期票据等,积极推动战略性新兴产业中小企业发行中小企业集合票据。

（4）健全人才保障机制

《关于推进上海智慧城市建设的三点建议》建议：强化建设智慧城市的人才

及人力资源保障,优化和完善参与各类智慧城市建设的项目的人才资源配置,积极引进高端开发技术人才,通过各种途径,积极发现和大力培育、扶持智慧城市新兴主导业态的领军人才、专业团队等。

《南京市"十二五"智慧城市发展规划》提出:认真贯彻落实人才强市战略,落实各项人才政策,大胆创新人才成长、引进、使用和激励的政策环境,充分发挥物质和荣誉的双重激励作用,创建培养人才、吸引人才、用好人才、留住人才的良好环境。大力培养、引进和高水平使用复合型高层次信息化专业技术人才、高技能人才和网络设施与商业应用经营管理人才。加快高等教育和职业技术教育改革和发展,推动专业和学科调整,着力培养智慧城市建设人才。充分利用各种信息传播平台和各类教育培训机构,开展信息产业从业人员多渠道、多形式、分层次、分类型的再培训、再教育。促进校企联合,依托高校院所、园区、企业和社会办学机构,联合建立各类智慧人才教育培训基地,加强企业与大专院校适用人才的联合培养,提供教育、培训和执业资格考试等服务。进一步强化海外人才的引进工作,促进国际间的人才交流与合作,为南京市智慧城市建设提供坚实的智力支持和人才保障。

《宁波市加快创建智慧城市行动纲要(2011—2015)》指出:加强智慧城市建设人才保障工作的组织领导,建立由市委人才办、市智慧城市建设工作领导小组办公室、市教育局、市财政局、市人力社保局等部门参加的联席会议制度,每年定期召开会议,加强统筹协调,明确责任分工,制订实施计划,落实保障措施。大力引进智慧城市建设需要的高端创新创业人才、各类拔尖人才、急需紧缺的专门人才和外国专家(海外工程师)。大力推进智慧城市人才基地建设,培养智慧城市建设紧缺技术技能人才,培养智慧城市建设高层次领导人才、高层次复合型实用人才和高技能人才;培养企业家人才、信息产业和重点企业紧缺人才、现代服务业和国际化涉外人才。重点创建一批以智慧产业基地为依托的人才集聚平台和以智慧城市建设试点园区为主体的人才特区;重点推进智慧城市建设的企业、科技和文化创新团队集群建设;大力建设一批以信息产业重点企业为主的院士工作站和博士后科研工作站;加大人才开发投入,统筹落实全市财政创建智慧城市人才培养引进的专项经费和职教经费;实施"三年万套"人才公寓建设计划,进一步加强人才的生活保障和服务;大力开展市杰出人才、突出贡献专家、优秀高技能人才、优秀海外人才的评选表彰活动,广泛宣传人才创新创业先进典型,积极营造事业召唤人才、人才发展事业的良好氛围。

(5)完善土地和环境资源保障机制

《浙江省人民政府办公厅印发关于加快培育发展战略性新兴产业重点工作分工方案》提出:优先保障土地供给。各地要优先安排战略性新兴产业 100 强项目用地；属省立项的战略性新兴产业 100 强项目用地，由省按照轻重缓急、逐年解决的原则统筹安排。进一步完善差别性供地政策，优化供地结构，"三旧"改造置换土地优先保障战略性新兴产业用地需求。降低土地购置成本。对符合省优先发展目录和集约用地条件的战略性新兴产业工业项目，允许按不低于所在地土地等级相对应工业用地出让最低标准的 70% 确定土地出让底价。加快项目审批进度。建立战略性新兴产业重点项目审批"绿色通道"，加快项目批准、用地预审、用地报批、环评批复、规划选址等审批事项的办理进度。各地在年度新增建设用地指标安排使用和土地供应上，优先保障战略性新兴产业用地。合理配置战略性新兴产业标志性产品规模化推广应用和产业发展示范基地建设的污染物总量控制指标。建立和完善主要污染物和碳排放交易制度。

《浙江省人民政府关于进一步加快发展服务业的若干政策意见》提出：鼓励各级政府将实施城镇规划和旧城改造中收购储备的存量土地，优先用于发展现代物流、金融服务、科技服务、信息服务、文化服务和商务服务等现代服务业。

《关于上海加速发展现代服务业的若干政策意见》认为：在严格控制集聚区建筑总量的前提下，对列入市重点推进的现代服务业集聚区建设，实行容积率整体平衡、局部调整的规划政策。对经认定的现代服务业集聚区内的重点地块，在确保轨道交通、世博园区等重大工程和经市政府认定的成片旧区改造重点项目拆迁指标后，安排拆迁计划指标；对重点地块中属重大工程和成片旧区改造等重点项目，在市建配套商品房源中统筹解决动迁房源。鼓励集聚区与轨道交通站点的联合开发、同步建设，优先支持集聚区内市政工程、公共交通配套建设。对文化、金融、物流、港航、信息服务、会展等服务业领域，引进高层次、国际化和紧缺急需人才的，在申请办理《上海市居住证》时，可按照要素计分办法，增加产业导向分值。各区县对新引进的国际、国内知名的跨国公司总部、研发机构、金融机构、投资公司、专业服务机构等现代服务业领域的高层管理人员，可视情给予一次性安家补贴；以优惠价格出租公寓，给引进的人员周转使用；做好引进人员的社会保障工作，帮助解决其子女就学等。对新确认的国家驰名商标、中国名牌产品、上海市著名商标、上海市名牌产品和出口名牌服务企业，分别由市、区县给予表彰或奖励。

（6）强化宣传与合作交流，提升智慧城市建设的影响力

《创建"智慧城市"之思考》认为：建设"智慧城市"，既是一项专业性、技术性的工程，也是一件公益性、普惠性的实事，需要全社会的广泛参与，需要汇聚各方合力共同推进。积极宣传建设"智慧城市"的重要意义、总体目标和工作部署，在全社会广泛开展"智慧城市"建设相关知识的普及工作，提高市民科技素养和智慧技术应用能力，增强广大人民群众对建设"智慧城市"的认知度和参与度。

《嘉兴市"智慧城市"发展规划》提出：尽早建立上海推进智慧城市建设的主导官方网站，充分运用各类现代传媒手段，扩张智慧城市建设公共信息的持续发布与广泛传播，提升上海推进智慧城市建设战略决策、战略部署实施进程的社会公众知晓率、关注度和参与度（关于推进上海智慧城市建设的三点建议）。加大智慧城市的宣传力度，积极扩大智慧城市最新研究成果、产品与成功应用案例，扩大示范带动效应，加强智慧城市相关知识普及和应用培训。通过媒体、网络等多种渠道，大力开展智慧城市建设的宣传报道和科普活动；通过论坛、展览会、讲座、体验馆等各种形式让更多的市民了解智慧城市；充分展示嘉兴市智慧城市建设的成果，营造智慧城市建设的良好氛围。

《创建"智慧城市"之思考》建议：积极开展以"智慧城市"建设为主题的国内外合作交流活动，加强与国家有关部委、科研院所和电信广电运营商等单位的合作，充分利用展会、论坛等载体，建立以新技术、新产品、新成果、新范例、新模式为纽带的开发合作机制，宣传推介最新研究成果、产品和成功应用案例，引进一批国内外智慧系统开发商、综合运营商、专业运营商为投资主体的重大项目，更好地汇集全球智慧和资源推动"智慧城市"建设。

（四）推进智慧城市建设的国内外政策启示

智慧城市的建设需要以下几个方面协同并行：首先，智慧城市建设要做到智慧基础设施先行；其次，智慧城市建设要有智慧产业体系做支撑；再次，智慧城市建设要强化在城市和社会管理方面的创新应用。当然，智慧城市的建设更需要政府政策的保驾护航，正确的政策保障措施将有利于智慧城市建设的高效运行。

1. 智慧基础设施建设方面的政策措施

（1）加大政府对智慧城市基础设施建设的投资力度。鼓励、引导、优化全社会对"智慧城市"重点工程项目的投资，加大支持力度，制定优惠政策。加大对前瞻性、公共性、示范性、协调性、创新性项目的支持力度。根据强化基础、整合资源、突出重点、注重实效的原则，对建设资金实行统筹使用，争取财政每年安排地方财政一般预算收入的千分之五左右的专项资金用于若干重点示范工程建设及推广、相关标准建立、产品研发、产业基地、研究院、重点企业培育、商业模式探索、政府购买服务等建设。在财政、税收、土地等方面建立企业在投资智慧城市基础设施建设的优惠政策。

（2）完善智慧城市基础设施建设的分级投入机制。建立省、市、县三级政府智慧城市建设分级投入机制，建立健全政府与企事业单位等多方参与、稳定增长、市场化运作的投融资机制，以物联网、云计算等专业应用系统开发为依托，组建专业化投资运营公司。通过资本金注入、贷款贴息、服务外包补贴、融资担保等形式，集聚民资、外资等资本参与智慧城市建设。研究制定入驻智慧产业基地企业的税收、人才等优惠政策。

（3）优化智慧城市基础设施建设和应用项目的对接机制。建立和完善适合智慧城市项目产业发展周期特点、适用于不同类型的创新性产业评估机制，推动智慧城市基础设施投资的回报期的优化。在智慧城市基础设施建设的基础上，实现智慧城市技术平台与应用的协同发展和创新，突破各部分之间的利益局限，形成跨部分的协同合作。发挥智慧城市基础设施平台的产业聚集效应，促进智慧城市技术平台信息共享和产品规模效应的形成。

（4）有重点地突破物联网发展的关键技术问题，解决需求与技术不成熟的矛盾，既需要技术与市场整合，还需要市场规模化应用。攻克一批关键核心技术、构建一个标准体系、打造一个产业链条、抓好一批示范应用的物联网发展目标，注重用市场吸引和带动物联网产业链上下游企业的聚集，形成产业集群，使信息资源共享不但成为业务协同的基础，更是信息化交流传播的最终目的。

（5）建立智慧城市信息共享有偿服务模式。建立以政府为主导，企业为投资主体的智慧城市建设设施建设机制，通过市场化运作模式建立智慧城市信息共享平台的运行方式。通过政府协调整合现有的相关技术信息公共平台，通过建立有偿服务的模式确保智慧城市信息共享平台的正常运行和维护。

2. 智慧产业体系支撑方面的政策措施

（1）加快智慧产业的集聚。在财政资金安排上重点在物联网规划、平台建设、应用示范、产业发展、人才培养等方面加大投入。在符合用地政策的前提下，优先安排物联网产业重点建设项目用地。将物联网产品和示范工程列入政府采购目录，在财政性资金采购中予以倾斜支持。加大对物联网企业的政策支持力度，充分利用国家物联网产业示范基地的优惠政策，积极吸引上下游企业集聚。

（2）定位智慧城市建设主导产业的空间布局。对云计算、物联网、移动互联网、高端软件芯片及智能 IT 产品开发制造、智慧商务等主导产业的产业集聚园区、示范基地、先导基地、拓展基地、创业基地等，在相关主体功能区、相关国家级、市级、区级产业园区中进行合理的空间布局和明晰定位。

（3）推动电子商务绿色通道建设，发展电子商务支撑服务业。鼓励电子商务企业发展壮大，新成立的电子商务企业可以获得工商管理绿色通道、虚拟注册、孵化器等政策服务。工商管理部门通过实时监控及时调整工作重心，以建立绿色通道为主要方式，建立以龙头企业为核心的行业自律机制。重点发展电子商务支撑服务业，打造包括诚信服务、物流配送、支付结算、安全认证、IT 服务、投融资、展会交易等在内的第三方平台，形成完善的电子商务服务体系。

（4）设立智慧城市创新产业建设专项资金。加大对智慧城市创新产业群建设的统筹投入，创新政府扶持资金的有效动态支持机制。重点对智慧技术和产品研发、智慧应用系统试点示范工程、智慧产业基地创建、人才引进和培养等方面给予政策支持，发挥好财政政策的杠杆效应。

（5）制订投资导向目录。鼓励民间资本参与"智慧城市"建设，加强与中国电信、中国移动、中国联通等国有大企业的战略合作，全面落实相关战略合作协议，引导金融机构创新项目授信和审贷方式，形成政府与企业多方参与、市场化运作的投融资机制。

（6）制定和完善政策法规。在加强建立智慧浙江城市创新产业建设的政策法规、制度规范、技术标准的创新与应用的试点示范工作的基础上，制定保护信息知识产权和保障信息安全的政策法规，探索建立网络活动信用管理、信息交互共享管理等制度，着力营造智慧城市建设的良好法规制度环境。

3. 智慧城市创新应用方面的政策措施

（1）打造实体商务区和虚拟商务区的双重平台，促进电子商务与传统产业协调发展。在电子商务平台基础上可以进一步提升和强化电子商务对传统产业升级改造的作用，在促进电子商务活动升级的同时，打造实体商务区和虚拟商务区的双重平台，为区域企业资源共享和开展国际商务活动提供更广泛的渠道。

（2）建立股权投资行业统计制度。推动建立股权投资行业统计制度和报表体系，对统计信息的采集、审核、汇总、复核、分析、报送、存档等制度明确规范，促进股权投资行业统计信息系统的建设，运用现代信息技术推进统计工作的电子化、网络化和标准化。

（3）建立信息安全机制建设。进一步完善信息安全保障体系，认真落实信息安全管理责任制，以现有政务网络和关系全省经济发展、社会稳定和国家安全的重要信息系统为重点，全面推行信息安全等级保护和风险评估制度，加强网络安全防护体系建设，定期开展信息系统安全检查。进一步加强信息安全测评认证体系、网络信任体系、信息安全监控体系及容灾备份体系建设，建立网络和信息安全监控预警、应急响应联动机制。

（4）建立智慧城市建设标准规范。根据信息资源目录体系国家标准，围绕信息资源采集、组织、分类、保存、发布与使用等信息生命周期各环节，加快建立符合电子政务发展要求的信息资源规范和标准，包括信息资源分类标准、信息资源标识符编码规范、核心元数据编码规范、目录体系指南等，及时发布并指导各部门严格按标准规范进行信息资源采集、加工与交换活动。

4. 智慧城市建设高效运行的政策措施

（1）加强智慧城市建设的组织领导。成立智慧城市建设领导小组，承担"智慧城市"建设的战略规划、实施方案、政策指导、重大项目的推进和重大问题的协调，建立统一、高效、畅通的协调推进机制；明确领导小组各成员单位在"智慧城市"建设统筹协调、行动计划编制、信息化标准制定、建设过程宏观管控、评价考核指标设计与建设成效评估等环节的工作职责。

（2）理顺智慧城市建设的管理体制。建立高层次的全省各地级市的智慧城市联席会议制度，研究解决推进智慧城市建设过程中的重大问题。探索建立适应高度协同发展的信息化管理机制，推行首席信息官（CIO）制度，试点先行、分批推进，建立双重管理或集中派驻的政府首席信息官的运作机制，提高信息资源整合和协同能力。推行电子政务集约化云服务模式，健全网络与信息安全协同管理机制。

（3）探索智慧城市建设的商业运行模式。遵循"政府引导，市场运作"的原则，创新智慧城市投入、运营新模式。围绕信息基础设施和公共平台建设，形成智慧城市建设资金保障体系，财政每年安排一定资金，重点支持信息化基础设施建设、重点行业和区域的智慧化应用体系、公共服务平台及试点示范项目建设等，营造发展环境。进一步探索"智慧城市"建设的市场运作化机制，加强政府需求与企业服务对接，扶持本地有实力的企业参与服务运营，建立服务外包机制和考核评价体系，实现政府主导实施、社会广泛参与、产业带动提升的协调发展。

（4）完善建设智慧城市的财税体系。进一步优化智慧城市建设相关新兴主导产业、主导项目的税收政策。建立省、市两级政府推进智慧城市建设的政府性基金或专项资金，扶助智慧城市主导产业的重点开发、建设及产业升级项目。省、市两级政府相关部门要积极引导广大国内外风险投资集团、私募基金公司等，投资并参与智慧城市建设有关重大建设项目，帮助高新技术企业、尤其是开发直接推进智慧城市新型业态的中小微型民营高新技术企业获得资本金投入与支撑。组织全市各类金融机构，完善投融资体系，有针对性地全力扶助符合智慧城市产业导向的广大中小微型企业，帮助他们解决融资难困境。

（5）强化建设智慧城市的人才及人力资源保障。优化和完善参与各类智慧城市建设的项目的人才资源配置，积极引进高端开发技术人才，通过各种途径，积极发现和大力培育、扶持智慧城市新兴主导业态的领军人才、专业团队等。

（6）全面推进和完善智慧城市建设的社会舆论导向和舆论环境。建立推进智慧城市建设的主导官方网站，充分运用各类现代传媒手段，扩张智慧城市建设公共信息的持续发布与广泛传播，提升政府推进智慧城市建设战略决策、战略部署实施进程的社会公众知晓率、关注度和参与度。

第七章

浙江省智慧城市试点项目建设的政策需求

　　自 2012 年 9 月至 2013 年 8 月，浙江省政府研究室和杭州电子科技大学组成的推进浙江省智慧城市建设政策研究课题组围绕浙江省已经启动的 20 个省级智慧城市试点项目，以及智慧城市运营商浙江联通公司等展开调研。调研重点是围绕三个问题开展：一是关于已出台政策绩效评估，也就是政策效果怎么样，哪些地方值得需要完善的地方；二是关于试点项目推进中的政策创新，即针对推进中遇到的困难和问题，贵单位提出了哪些有效举措；三是关于对下一步出台政策的建议，也就是说，试点项目在实施过程中，希望省政府出台哪些最管用的政策措施。通过调研总结和归纳了浙江省智慧城市试点项目推进过程中面临的政策问题、推进浙江省智慧城市试点项目建设的政策需求和创新政策。

（一）浙江省智慧城市试点项目建设面临的政策问题

　　从浙江省智慧城市试点项目建设的政策障碍现状可以发现浙江省智慧城市试点项目建设主要存在推进试点项目建设的协同与共享政策体系不健全、推进试点项目建设的要素保障政策不完善、推进试点项目建设的商业模式运行的政策不清晰等三方面的政策障碍。

1. 推进试点项目建设的协同与共享政策体系不健全

　　（1）推进试点项目内外部沟通协调的政策不具体

　　浙江智慧城市试点项目建设过程中，存在着各级政府及跨部门之间沟通协调、衔接和协作较为困难等问题。杭州在推进智慧安监和智慧城管试点项目过程中面临着相关企业大型软件研究院与项目业主在衔接上不够充分。省电力公司智慧电动汽车项目面临着与其他试点项目间横向协作较困难，数据的互连互通难实现的障碍，如与智慧高速和智慧交通等试点项目当前还难以共享车辆监控和换电站导引等数据。而在当前的政策环境下，试点项目在推进过程中难以实现预期目标。

　　（2）推进试点项目信息共享的政策不完善

　　浙江智慧城市试点项目建设过程中存在信息、数据等资源共享不畅，缺乏监督协调机制等问题。省交通集团承担的智慧高速项目在推进过程中，难以共享交通、公安等政府部门和行业管理的相关数据信息，更缺乏相应的部门间信息共享监督协调机制。金华市的智慧车联网项目也面临政府部门信息系统的共建共享共建共享、信息网络的互通互联等难点问题，特别是人口等基础数据库建设难以实现市级政府部门的信息共享。嘉兴智慧交通项目需要努力融入周边城市，但与上海、江苏等省市和本省杭州、宁波等地难以实现相关信息资源共享。这就需要省级政府起协调沟通的作用，在跨区域、跨行业、跨部门信息共享问题方面打破体制机制的障碍，实现信息共享的全方位突破。

（3）试点项目在实施协同与监管方面的政策缺乏

浙江智慧城市试点项目在建设过程中存在办事手续复杂，审批效率较低，管理主体界定不明，存在多头领导和分散监管等情况。省电力公司智慧电动汽车项目面临着相关技术标准的申请程序复杂，责任不明确，推进进度较慢的问题，如《纯电动汽车动力蓄电池箱通用技术条件》等省级地方标准的认定，由于管理部门间缺少统一协调机制使得在标准认定过于缓慢，导致项目在实施过程中需要等待较长时间。温州智慧旅游试点项目存在建设项目管理主体界定不清晰、多头管理和分散监管等问题，造成项目的各环节相互制约，难以统一协调，导致建设进度缓慢。嘉兴智慧电网项目也面临着建设监管部门过多，审批效率低下等问题。

2. 推进试点项目建设的要素保障政策不完善

（1）吸引项目建设资金的优惠政策不具体

当前，浙江省智慧城市试点项目建设过程中存在项目资金紧张，筹措难度较高，补助难以落实等问题。智慧健康项目在开展过程中，尚存在对县（市）区及下属机构的资金补助难以落实的问题。智慧交通项目在建设资金筹措方面也存在着较大的问题，同时由于政府对智慧城市试点建设资金的支持力度有限，使得智慧交通试点项目的建设资金更显不足。智慧车联网项目在建设资金的需求上存在着较大的缺口，希望通过制定智慧城市建设项目税收优惠等政策来吸引更多的建设资金。

（2）缺少试点项目建设用地的优惠政策

目前，浙江省智慧城市试点项目建设过程中面临的最大困难还是建设用地不能落实、土地供应短缺等问题，这也直接导致项目建设规划不能有效落地。智慧电动汽车项目在建设过程中规划了电动汽车充换电设施建设等项目，但是这些项目的建设用地不能得到落实。智慧车联网项目也面临着项目建设用地得不到落实的情况，希望对落地的智慧城市建设项目建设用地优先规划、享受土地优惠政策等方式来加快推进智慧城市试点项目的建设进程。

（3）引进和培养项目建设的高层次人才政策不强

虽然浙江省的技术人力资源相对丰富，但是由于智慧城市试点项目还处于建设的初期阶段,项目的发展前景不明,从而不能有效吸引高层次技术人才参与到智慧城市试点项目建设。杭州和宁波两地在推进智慧城市建设过程中均反映,智慧城市建设人才缺口较大,主要集中在区域经济学、产业经济学专业、电子科学与技术类和信息与通信工程类专业,这类人才主要是指硕士研究生以上学历或者副高以上职称。智慧旅游项目也面临着人才共享合作机制不够完善,缺乏高素质、复合型的智慧旅游建设管理和技术研发人才等问题。

(4) 扶持项目支撑技术研发的政策不科学

智慧城市建设对技术需求的层次较高,当前推进浙江省智慧城市试点项目建设的支撑技术较为薄弱,特别是新一代信息技术在智慧城市建设中的应用研发需要进一步加快。智慧城管和智慧安监试点项目在实施过程中存在着技术的应用开发不及时等问题,希望能够充分发挥智慧城市专家委和项目指导组的职能,加大对各试点项目的技术开发指导力度,帮助解决在项目建设过程中碰到的技术难题。智慧水务试点项目面临的技术和知识难题较大,特别是推进试点项目建设的关键性技术问题需要高层次专家进行持续性指导。智慧环保等项目建设单位认为将项目建设所需技术与政府资助的智慧技术研究院等完全挂钩的约定或政策不合理,制定的政策应该给予建设单位自主选择核心技术的权限。

3. 推进试点项目建设的商业模式运行的政策不清晰

(1) 优化基础设施建设投资结构的政策缺乏

当前,浙江省智慧城市试点项目建设过程中存在智慧城市建设工程浩大,基础设施建设采取何种建设模式存在着较多的政策盲区,多数试点项目的基础设施建设投资主体不明确,投资结构不合理。嘉兴智慧交通项目基础设施建设的资金需求量非常大,当前依靠地方财政资金支持的局面难以改变,地方财政资金难以独自持续地承担项目的基础设施建设;金华智慧车联网试点项目的基础数据库建设资金缺口较大,但当前的政策措施扶持的力度不强;衢州智慧环保项目的投资大、任务紧,面临着项目基础设施建设相关政策措施不完善的问题;绍兴智慧安居试点项目的平台建设资金到现在还没有具体落实到位,项目建设单位的投资难以为继,但是吸引建设资金的渠道不畅通。

(2) 推进试点项目市场化运营的政策不明确

当前,在浙江省智慧城市 20 个试点项目中,有 6 个以上的试点项目具有公益性质,市场化、企业化运作难度较大,在现有的政策体制下推进试点项目市场化运营难度非常大。智慧消防试点项目面临着消防部队属于现役编制,不能够进行市场化运作,消防的体制与公益性质使得企业即使参与也难以实现盈利,导致企业在具体项目上大量投资的动力不足。台州智慧水务试点项目也更多体现公益性质,完全依靠市场运作和盈利运营将比较困难。衢州智慧环保项目面临着扶持专业化公司发展、规范专业化公司运作的政策不明确,使得试点项目在推进过程中建立专业化运营公司的政策依据不完备。整体上来看,当前浙江省推进智慧城市试点项目市场化运营的政策体系不清晰和不科学,从而导致试点项目市场化的盈利模式不明确。

（3）推进试点项目建设的产业政策支持力度不够

在推进智慧城市试点项目产业化的政策体系中,当前浙江省还存在支撑智慧产业发展的政策不足,在现有的相关政策中虽有涉及,但是指向性不清楚,从而在执行和实施过程中存在一定的困难。在培育智慧电动汽车产业中,当前有关公务用车、公共交通等领域推广电动汽车具执行力的政策文件缺乏,而这类政策的出台将非常有利于当前电动汽车在全省范围内的推广。作为以应用和服务为先导的车联网产业,智慧车联网项目需要云计算、移动互联、大数据等新兴产业作为支撑产业,需要有市场竞争力的大企业做为执行和实施者,但是在现有的政策环境下智慧车联网产业难以自主地做大做强。虽然智慧电网试点项目产业化过程的困难相对较少,但也面临着缺乏推广分布式光伏发电应用的扶持政策扶持政策,特别是分布式光伏发电项目的审批程序过于繁琐,不能够有效地推动项目的产业化。

（4）推广试点项目成果示范带动作用的政策不明显

智慧城市试点项目最终要得到市场的检验,其成果的推广应用必须加快深化,但当前推动浙江省智慧城市试点项目成果应用的政策较少,不具体和不明确,导致智慧城市建设的示范带动乏力,应用推广水平不足。譬如智慧电动汽车试点项目,其成果的应用离不开区域运营平台的建立,但是当前全省没有统一的运营管理平台,没有统一的技术标准,从而使得电动汽车无法跨地市使用。金华智慧车联网项目需要良好的体验基地来吸引顾客的购买愿望,但是当前浙江省暂未出台建设智慧城市应用体验基地政策,扶持和鼓励智慧城市项目建设主体出资建设智慧城市应用体验基地的政策也相对缺失。智慧城市试点项目最终需要得到公众的参与与消费才能实现项目持续发展,推广试点项目成果示范试点的政策措施将有利于试点项目成果的产业化和市场化,因此制定和明确推动试点项目成果示范应用的相关政策将有利于试点项目的全面推进。

（二）浙江省智慧城市试点项目建设的政策需求

1. 出台组织领导和保障政策

杭州智慧安监、智慧城管试点项目组建议发挥智慧城市专家委和个项目指导组职能,加大对各试点项目指导力度,帮助解决在项目建设过程中碰到的技术难题,为项目建设做好技术支撑。湖州智慧织里试点项目组希望省政府能够出台《智慧城市基础信息资源共建共享共建共享管理办法》、《智慧城市建设标准规范》、《关于加快智慧产业发展的政策建议》、《智慧城市建设专项资金管理办法》。嘉兴智慧电网试点项目组建议由省政府有关部门牵头,制定出台电网规划前期核准、电网建设中政策处理的管理办法和标准、简化核准程序,提高审批效率。省交通集团智慧高速试点项目组建议省政府尽快明确智慧高速运行服务指挥中心在全省高速公路管理中的定位,尽快明确高速公路各省级行业管理单位在智慧高速建设中的具体职责。省电力公司电动汽车动力服务网络系统试点项目组建议省政府出台有关公务用车、公共交通等领域推广电动汽车的具执行力的政策文件,激励电动汽车推广,明确全省优先积极推进电池更换模式的电动汽车的应用。义乌智慧商城试点项目组建议由省经信委担任义务智慧商城项目指导组组长单位,加强对项目的指导和协调。

2. 增强项目运营的财税扶持政策扶持政策

杭州智慧安监、智慧城管项目组建议不断完善资金安排模式,建议改变现有的模式,改为项目资金申报审批制度,以便更规范、有效、合理使用智慧城市项目资金。绍兴智慧水务试点项目组认为智慧水务与其他试点项目相比,更多地体现公益性,完全依靠市场运作和盈利运营比较难,需要财政为主投入,希望浙江省政府给予支持和经费补助。省电力公司电动汽车动力服务网络系统项目组认为前期财政补贴政策起到了积极作用,但目前补贴政策已到期,建议新的补贴政策尽早出台,并更侧重电动汽车使用环节的补贴。此前的补贴政策仅杭州和金华可享受,建议向全省各地市推开。省公安厅智慧消防试点项目组建议将智慧消防纳入各级政府的财政保障和扶持范畴。嘉兴智慧电网试点项目组建议出台分布式光伏发电应用的扶持政策扶持政策,简化分布式光伏发电项目的审批程序,给予一定的财政补贴(一次性投资补贴或按发电量补贴)。金华智慧车联网试点项目组建议在明确省级财政项目资助标准的同时,进一步明确市级财政配套政策,如对列入国家、省智慧城市建设重点项目,获得资金资助的,市级财政按不低于1:2比例配套,同步到位。并建议加大智慧城市产业扶持力度,按照项目的投资规模、技术复杂程度等给予前期研究经费补助,对落地的智慧城市建设项目享受土地、税收优惠。

3. 拓展项目运营的融资渠道

温州智慧旅游试点项目组建议加大对智慧旅游建设项目的资金投入,建立和完善资金多元化投入机制,形成政府投资、外资和民间资本等多渠道投融资体制,有效、有序地推进智慧旅游建设。金华智慧车联网试点项目组建议出台设立智慧城市建设专营公司特殊奖励政策。对新成立的智慧城市项目专营公司,自运营盈利年度起,实行五年奖励政策,前三年按地方财政贡献额予以全额奖励,第四、五年按80％予以奖励。嘉兴智慧电网试点项目组建议开发新的金融产品或协约模式实现稳定卖电收入对投资和银行融资的支持,化解银行信贷风险。

4. 完善项目建设的标准规范

杭州智慧安监、智慧城管试点项目组建议浙江省出台相应的规范与标准。认为,虽然现在各地市陆续开始智慧城市试点建设,但缺乏统一的标准和规范,为有效推进浙江省智慧城市建设,建议浙江省政府牵头组织相关项目建设单位制定出台相应的规范和标准,明确今后智慧城市发展方向和建设要求,以便各地市更加合理开展智慧城市建设。省电力公司电动汽车动力服务网络系统试点项目组希望通过试点项目的推进,原则上实现全省统一的一套运营管理平台,统一技术标准,否则可能会导致资源浪费和电动汽车无法跨地市使用等问题。衢州智慧环保试点项目组和义乌智慧商城试点项目组也均建议出台加强智慧城市建设标准化方面的政策,使各试点项目建设单位有据可循,更标准化、规范化开展建设工作。

5. 推进项目市场化运营的政策创新

杭州智慧安监、智慧城管试点项目组建议建立可持续的智慧城市项目运营机制,实现由政府单纯投资建设向"政府买服务、企业做运营"的转变,也希望浙江省能够出台具体的政府购买服务目录,不断创新智慧项目政府采购政策。金华智慧车联网试点项目组建议研究制定政府投资和政府购买服务智慧城市建设项目管理办法,明确相关标准,规范政府投资和购买服务行为。省公安厅智慧消防试点项目组建议从消防信息化建设服务外包工作方面出台相关市场化运作机制的文件,允许消防对社会的教育、宣传等功能开展市场化的探索。省交通集团智慧高速试点项目组建议省政府进一步明确为政府及部门提供哪些服务,按什么标准收取服务外包费用,按什么标准收取回报。建议借鉴江苏、广东等兄弟省份的经验,从高速公路收益中按现金支付通行费的2‰和非现金支付通行费的2％收取技术服务费,以保障智慧高速建设顺利实施和正常运营。衢州智慧环保试点项目组对专业化服务智慧城市试点项目的公司,出台指导意见,扶持专业化公司发展、规范专业化公司运作。

6. 推进资源共享的政策创新

宁波智慧物流、智慧医疗试点项目组建议进一步完善省市及各级政府部门之间共建共享共建共享机制,希望将宁波智慧物流数据交换中心作为"国家交通运输物流公共信息平台(浙江)宁波数据交换子节点",推进宁波市与浙江省其他地市的合作共建,提升宁波市智慧物流公共基础平台在全省,甚至全国的影响力。嘉兴智慧交通试点项目组建议建立区域交通及相关联信息资源共享机制,认为嘉兴"智慧交通"建设还要融入周边城市,以及包含铁路、民航等部门信息,在公众出行服务等系统建设方面,涉及上海、江苏、杭州、宁波、湖州、绍兴等省市周边城市及铁路,民航信息资源共享问题,建议省级部门帮助联系协调,力求在跨越区域和打破体制等方面寻求突破,试点示范。金华智慧车联网试点项目组建议明确支持智慧城市项目公司基于市政府数据资源中心信息资源开发智慧应用的政策,为项目公司无条件提供信息系统接口,实现信息资源共建共享共建共享,网络互联互通,避免重复投资。同时,针对金华智慧车联网项目拟开展电子车牌试点困难,需要省政府协调公安部门对智慧车联网试点项目给与大力支持,同意在车辆年检时在金华试点安装包括电子车牌的智能终端。省公安厅智慧消防试点项目组建议出台文件规定,消防应急联动单位的救灾资源必须统一以智慧云平台的方式强制开展共享,实施标准化改造,"消防智慧"有权共享并调取抢险救助、救灾等所需的相关联动单位内部资源。

7. 出台项目评价、考核等政策

杭州智慧安监、智慧城管试点项目组建议开展智慧城市建设试点"评先评优"工作,加强正面引导,调动各建设实施单位的积极性。省公安厅智慧消防试点项目组建议通过政策鼓励各级消防责任主体单位开展消除隐患的安全技术创新和管理创新,推行消防安全风险评价体系。衢州智慧环保试点项目组建议对承担智慧城市专有云平台与系统大型软件开发责任单位,出台相关考核评价办法,加强对项目投资的监管,规范项目绩效评价。温州智慧旅游试点项目组建议制定和出台智慧旅游建设项目的评定办法、奖励、补贴、扶持等政策,指导各地方调整完善"智慧旅游"建设体系。

8. 其他推进项目建设的创新政策

金华智慧车联网试点项目组建议出台开展智慧城市项目前期研究政策。鼓励智慧城市项目建设责任单位开展前期研究、项目咨询等工作。金华智慧车联网试点项目组建议出台建设智慧城市应用体验基地政策。鼓励智慧城市项目建设主体出资建设智慧城市应用体验基地,免费提供市民体验,使其成为智慧城市主要宣传阵地和窗口。经认定的体验基地项目,按项目投资额予以一次性补助。温州智慧旅游试点项目组建议建立智慧旅游专业才培养机制,采取在岗培训、人才引进、双向交流等多种办法,积极培养智慧旅游管理人才和应用人才。省公安厅智慧消防建议通过政策鼓励各级消防责任主体单位开展消除隐患的安全技术创新和管理创新,推行消防安全风险评价体系。

(三)浙江省智慧城市试点项目建设中出台的政策措施

1. 不断完善组织管理政策机制

杭州市政府为智慧安监、智慧城管试点项目的顺利实施不断完善组织机构。

杭州市非常重视智慧城市建设示范试点工作，为推动智慧城市示范试点工作，在市信息化工作领导小组的统一领导下，成立智慧城市试点项目建设领导小组和相关项目组、专家组、标准组。宁波市政府为推进智慧物流、智慧医疗试点项目的开展，在组织保障措施上推出具体的政策措施。根据省统一部署成立了由分管副市长为组长的十点工作推进协调小组，明确下设办公室，并成立项目组、专家组、标准组。同时建立项目协同机制，不定期召开项目通报会、协调会，推进试点项目建设。智慧健康还专门成立了市卫生信息中心，核定编制12名，为加快推进智慧健康保障体系建设提供了组织保障和人才支撑。省电力公司建立了内部协调机制，并在电池安全等方面与省技术监督局和相关检测机构加强沟通协作。衢州市政府建立衢州智慧环保建设领导小组和智慧环保项目，积极推过智慧环保项目建设。金华市政府成立智慧城市建设试点工作领导小组，建立智慧城市试点项目建设组织保障体系，成立项目指导组、项目组、专家组和标准组，做到组织有保障，集聚各方面力量参与智慧城市建设。并签订了智慧城市建设试点项目责任书，层层落实建设责任，使各项目标任务清晰明确，责任到人，保证各项工作落实。

2. 出台了许多推进试点项目建设的政策文件

杭州市政府为智慧项目的开展专门出台扶持政策扶持政策。在相关的信息化产业扶持政策扶持政策中，对智慧城市示范试点项目进行了专门扶持，出台了《中共杭州市委杭州市人民政府关于进一步加快信息化建设推进信息产业发展的实施意见》（市委〔2013〕6号），明确将"智慧城管"和"智慧安监"建设工作列为今后三年杭州市重点推进和发展的信息产业十大工程之一"智慧民生"的重要组成部分，并把2个试点项目列入"智慧杭州"3年建设规划。宁波市政府为智慧物流、智慧医疗试点项目的开展制定了明确的政策保障措施。在智慧城市专项资金中安排资金用于智慧物流、智慧健康等重大项目建设。此外，宁波市财政每年从服务业发展专项资金中安排2000万元左右的专项资金，支持智慧物流项目建设。

3. 不断创新项目合作共享政策

杭州市政府出台政策措施促进项目所需要的资源共享。在对智慧城管建设所需共享的相关部门数据资源进行梳理的基础上，杭州市充分利用现有抓手，从2013年开始，将数据资源提供纳入市政府对相关部门城市管理目标考核体系，以此促进资源共享。温州市政府分别与中国电信、中国联通、中国移动等运营商签订战略合作协议，形成紧密合作机制，共建智慧旅游。并联合国内领先旅游信息化集成商、IT企业、北京大学、浙江大学等专业机构组成温州智慧旅游协作联盟，确定专门的信息化建设前期咨询和项目建设监理机构，为温州智慧旅游建设提供技术咨询和信息化支撑服务。同时，采取合作共建、项目补助、购买服务等多种方式与运营商开展实质性合作。与中国电信温州分公司合作，由电信公司投资承建并运维,温州市旅游局采取购买服务资源或补助的方式,建设兼具智慧旅游体验点功能的旅游公共信息查询系统。省公安厅结合当前消防部队行政审批制度改革,做好相关工作的衔接,研究并需求改革过程中智慧消防能市场化运作和建设的共建。省交通集团主动协调集团外路公司及相关行业主管部门,以尽快实现信息共享。

4. 制定了推进项目高效运行的政策措施

杭州市政府召集智慧安监、智慧城管试点项目的领导小组和项目组先后多次召开项目专题会议,从政策、技术、业务等方面着手,专题研究各试点项目与全市规划和行业业务规划的标准、实施、软课题等方面的内容对接。在已经报送试点项目方案的基础上,不断深化对各试点项目的需求、功能、实施、运营研究,开展专题研究。不断完善试点项目建设的考核机制,在模式创新、标准建设、产业带动等方面确定分阶段、可量化的绩效考核目标,定期对各试点项目进行考核,有效推动试点项目的建设。省交通集团联合嘉兴交投集团、绍兴交投集团成立浙江智慧高速公路服务有限公司,在其他高速公路业主未出资前由省交通集团先行垫资,以有效推进项目建设。衢州市拟成立智慧环保公司,负责衢州智慧环保建设、服务、运维及项目衍生的环保业务。省公安厅研究编制试点建设方案,与"智慧织里"等试点项目联合探索横向资源整合与云平台涉及工作。落实每周例会制度,总队与中通服等咨询和世界单位加强沟通,促进"智慧消防"项目前期工作的顺利推进。金华市政府出台智慧城市建设项目管理办法,使项目实施纳入规范运作轨道。

5. 出台了具体的资金土地保障政策

杭州市政府对智慧安监、智慧城管试点项目的开展加大了资金保障力度。为加快推进智慧安监项目建设,加大了资金保障力度,通过信息化专项资金和城建资金以及部门预算安排资金,保证了项目的顺利实施。杭州市财政也将智慧城管项目建设资金列入数字城管专项资金中,保证了每年不少于 2000 万元的智慧城管建设专项资金。同时,杭州市财政及时配套资金资助 6 家企业进行大型软件研究院建设。诸暨市政府在枫桥镇开展"智慧安居"建设试点工作过程中,出台了鼓励企业、村(居)、家庭等参与"智慧安居"建设的财政补贴办法。金华市政府对智慧车联网试点项目和大型专用软件产业技术创新综合试点项目给予财政资金补助,为项目建设提供较好资金保障,也充分发挥引导资金的作用,拉动各类建设资金参与项目建设。

6. 创新标准、人才等政策措施

宁波市政府不断加快推进智慧物流、智慧健康领域的标准建设。智慧物流方面,以宁波市质监局为主,市服务业办配合,推进宁波智慧物流标准化试点城市申报工作。智慧健康方面,根据《宁波市智慧健康标准规范目录体系》要求,结合宁波市智慧健康标准规范框架，在 2012 年发布二期数据集的基础上，2013 年上半年市卫生局梳理了行政区域代码、疾病代码、药品代码等卫生数据字典，不仅为宁波市智慧健康的信息化建设统一了数据标准规范，并为智慧健康后续的建设提供了基础保障。2013 年 5 月 3 日浙江省成立了智慧城市标准技术委员会，宁波作为智慧健康试点项目，已报送电子健康档案标准成为省标。省交通集团抽调经验丰富的人员加入智慧高速公司，以有效充实其实力，并且围绕智慧高速服务体系平台在集团范围进行高速公路监控体系资源整合，积极推动智慧高速项目的开展。省公安厅从部队内部业务部门抽调专家及相关服务公司的精干人员组建调研和咨询团队，即业务指导组，从当前消防业务实际出发，调研全省消防部队工作实际，研究和探索消防业务的市场化运作模式。

第八章

推进浙江省智慧城市试点项目建设的政策创新

在对国内外智慧城市建设的政策保障措施、浙江省智慧城市试点项目政策创新研究的基础上,我们提出了加快推进浙江省智慧城市试点项目建设政策创新的思路,并从八个方面提炼了完善加快推进智慧城市试点项目建设的政策体系。

(一)加快推进浙江省智慧城市试点项目建设的政策创新思路

1. 创新建设模式的引导政策引导政策,引导试点目标合理规划

浙江省智慧城市建设尚处在起步发展阶段,技术路线、发展路径、安全环境等尚不完全明确,技术和应用仍存在一定的不确定性,技术与应用尚存在一定风险,省政府对智慧城市都是采取部分城市和领域试点的模式。城市发展是梯度推进的,新技术应用的条件是梯度成熟的,规模效益因素会影响新技术在中小城市的推广效果。智慧城市建设目标选择一定要注意不同地区的梯度差异,特别对于中小城市或经济规模不够大的城市选择慢一点的信息化步伐是有利的,可以充分利用后发优势,利用信息技术成本不断降低的趋势,利用先行城市的创新成果来降低新技术应用的成本,取得更经济的效果。

智慧城市试点项目建设的目标应更多立足于不同城市、不同项目自身的发展阶段与特点,实现差异化的发展目标。浙江省智慧城市试点项目建设过程中需要更多的是从某一个项目或某一个方面作为出发点来进行建设,规划与考虑单项项目的研究成果和工程效益,避免相同工程的重复建设。

2. 创新项目运营的扶持政策扶持政策,推动项目运营市场化

在浙江省智慧城市试点项目建设的前期,需要完成大量的信息基础设施建设,尤其是在新一代信息基础设施建设过程中,其周期长,风险大,公益性强,企业不愿意承担此类设施的建设。因此,政府应该在前期基础设施建设时期发挥主导作用,完成基础性平台和数据中心的建设,以及信息网络的建设工作。

在试点项目建设后期的投入运营阶段,应该发挥市场机制的主导作用。从政府的运作特点看,政府难以有足够的机构和人力全盘负责智慧城市的运营,特别有些市场化的项目,也不适合由政府来开展经营。因此,在浙江省智慧城市的运营阶段,应充分借助市场机制,规划确定明确的商业运行模式,引导企业积极参与

智慧城市试点项目的开发运营。

3. 创新智慧产业培育政策，助推传统产业转型升级

浙江省智慧城市试点项目的建设不能停留在这一个点上面，而是要通过这样一次契机，在这个过程中积极培育发展省内的战略性新兴产业，逐步实现省内产业的转型升级。建设智慧城市，通过智慧技术的广泛应用，提高信息、知识、技术和脑力资源对经济发展的贡献，转变经济增长方式和经济结构，推动产业结构优化升级，实现由劳动力密集型、资本密集型向知识密集型、技术密集型转变，从而使经济发展更具"智慧"。

充分发挥浙江省在某些战略性新兴产业领域的领先优势，紧跟国际技术前沿，迅速扩大新兴产业规模，加快打造有国际影响力的旗舰企业，进一步夯实产业基础，形成并保持较明显的竞争优势，实现浙江省智慧城市试点项目建设的关键技术和战略性新兴产业的互动发展。

4. 创新智慧成果应用政策，吸引公众广泛参与

智慧城市可提供智慧化的城市服务手段，大大提升公共服务部门的行政效率和决策水平，有助于实现城市政府从管理到服务，从治理到运营，从零碎分割的局部应用到协同一体的平台服务的跨越。公民需求和公民参与是浙江省智慧城市试点项目建设的重要内容，政府的公共服务应将公众置于中心位置，应体现公共服务的价值，重视公民、企业的需求，同时增强三者之间的沟通与互动，以切合现代公共管理与城市治理的发展方向。

智慧城市应用需要居民、企业、城市管理人员的积极参与才能真正发挥作用。因此，浙江省智慧城市试点项目建设不能仅停留在硬件完善的层面上，应更多着眼于居民 IT 素质、环保意识、城市创新能力、人才吸引力等软件方面的提升。

5. 创新要素保障政策，营造良好的发展环境

虽然浙江省经济实力近年来不断提高，但是由于浙江省大多数企业无论经济实力还是意识都与发达国家还有着不小的距离，而且智慧城市建设的商业模式并不十分成熟，企业自发参加智慧城市建设的积极性也有待提高。因此，政府在智慧城市试点项目的建设过程中仍然起主导作用，需要通过制定相适应的政策保障体系，从而营造良好的建设环境，推动智慧城市试点项目建设的顺利开展。

各级政府应根据本地域的特色，出台相应的智慧城市试点项目建设政策与规划，通过一系列财税、产业、科技、人才等政策支持，鼓励社会信息化应用，创造合理的利润区，推进信息化企业发展，吸引众多的企业投资和科研单位等基础研究部门来加入到智慧城市试点项目的建设。同时，各试点项目需成立智慧城市建设专家指导委员会，对项目前期规划设计、中期投资建设以及后期的运营与维护提供技术、知识的全面指导。

（二）加快推进浙江省智慧城市试点项目建设的政策建议

1. 合力推进智慧城市基础设施建设

（1）加快信息基础设施建设

加快信息基础设施建设的政策措施需要解决试点项目信息基础设施建设投资模式、运行方式和管理机制体制不明确等问题。

具体的政策建议包括：统筹做好智慧城市规划，加强与中央和城市其他经济社会发展、城市建设、信息化发展等规划的衔接。制订涵盖全省公用移动通信基站等内容的信息基础设施专业规划，从源头上防止重复建设、低效使用等问题。优先支持科技研发、产业布局，城市管理等公共财政资源要优先支持基础性、关键性、先导性的智慧城市设施建设和设备设施智能化改造升级。向民营企业发放特许经营权证，积极探索 BT（建设-移交）、BOT（建设-运营-移交）、PPP（公私合营）等集约化建设模式，鼓励民营企业参与智慧城市基础设施的建设、经营和管理。采取合作共建、项目补助、购买服务等多种方式，鼓励电信、移动、联通等电信运营商及国内外大中型 IT 企业等运营商投资、承建、运维智慧城市项目建设。

（2）构建内联外通的全覆盖信息网络

构建内联外通的全覆盖信息网络需要解决推动智慧城市建设的信息网络相对比较薄弱等问题。

具体的政策建议包括：结合浙江新型城市化实际，对内构建跨区域接口互通、城乡一体覆盖全省的智慧城市信息互通共享网络，对外延伸智慧城市项目服务接口，实现与周边省份甚至全国的信息共享互通。继续推进高速、宽带、泛在的信息基础设施建设，加快推进城乡宽带普及和提速，加强高速光纤网络、宽带无线网络建设，大力推行下一道互联网和 TD-LTE 规模商用。建立广电、华数、电信等单位组成的"三网融合"联席会议制度，深入推进"三网融合"试点。鼓励支持开展三网融合双向业务和研究开发基于下一代互联网标准的三网融合实验室。按照城市基本建设不同内容和类别，进一步改进基建标配，将有线和无线网络及覆盖度、无线基站、传感器等信息化设施纳入基建标准配置，实现网络集约化建设和资源共享。在条件成熟地区开展网络基础设施共建共享共建共享试点，从机制上保障各方公平接入和用户自主选择，保障信息基础设施建设专项规划的顺利实施。建立新建住宅建筑通信配套工程建设和设施维护第三方运维模式。

（3）构建信息安全保障机制

智慧城市试点项目对信息共享的要求较高，信息安全保障体系需要进一步提升和完善。

具体的政策建议包括：探索制定面向政府信息采集和管控、敏感数据管理、数据质量、数据交换标准和规则、个人隐私等领域的大数据地方性法规和政府规章，确保大数据信息安全。严格把控智慧城市项目设计论证、项目实施和项目建成运行，加强安全芯片、安全操作系统、安全数据库等基础信息安全技术的攻关，加强核心要害信息系统项目建设各环节的安全管理。为智慧城市提供服务的数据中心、云计算平台等必须设在我国境内，相关公司注册必须在国内，涉及国家主权和经济安全的智慧城市建设的设备和软件，必须采用拥有自主知识产权的国产产品，确保基础信息网络等关键基础设施的可信、可管和可控。统筹建立核心信息资源的备份和容灾体系，推行重要系统的集中灾备、联合灾备。在智慧城市项目建设的政府采购阶段，建立严格的技术产品资质认定和采购备案制度，对参与投标的内资、外资企业明确其安全保障的可信赖等级和资质。建立以政府和行业主管部门为主导，第三方测试机构参与的智慧城市建设信息安全保障体系，构建有效的预警和管理机制。全面实行重要单位信息安全等级保护制度，完善数字认证、信息安全测评和信息安全等级保护等信息安全制度，启动核心信息技术产品的信息安全检查和强制性认证工作，规范重要数据库和信息系统的开发、运营和管理等各个环节的安全工作。建立新兴技术的信息安全预警机制，针对智慧城市数据安全出台强制性标准，限制新兴技术的使用方式和范围，加强智慧城市信息安全技术产品市场规范，数据运营公司、云计算中心等涉及信息安全的部门必须纳入安全监控体系。依法加强个人信息保护，规范信息消费市场秩序，提高网络信息安全保障能力，构建安全可信的智慧城市信息消费环境。

2. 促进智慧城市信息资源开发利用

（4）加强公共数据应用平台顶层设计

加强公共数据应用平台顶层设计需要解决当前各试点项目运行所需的数据难以统一，需要省级层面进行统一协调和设计等问题。

具体的政策建议包括：优化全省数据中心规划布局，统筹推进公共性、协同性和专有性等业务应用平台的建设。公共性业务应用平台，由省经信委负责，采用统一规划开发，在省级平台以云计算模式集中部署，全省共用。各地也应成立云计算数据中心，与省数据中心联网共享。各地政府行政服务中心实行"统一平台、统一标准、数据共享、一门受理、电子监察"运行机制，为网上审批、并联审批、效能监察、开放数据等改革提供载体。协同性业务应用平台，由省经信委牵头组织，确定主建部门和共建部门，建立联席会议制度，基于公共平台统一标准、规范和方案部署。专有性业务应用平台，由各部门负责建设，省经信委负责审批建设方案，业务部署基于公共平台统一标准规划建设部署，由平台提供各类资源服务。

（5）大力推进信息资源基础平台共建共享共建共享

大力推进信息资源基础平台共建共享共建共享，需要解决当前各试点项目运行所需的数据在共建和共享方面的制度设计障碍等问题。

具体的政策建议包括：统筹规划政务云、商业云、企业云等云计算平台建设，整合公安、路政、安监、城管、人力资源和社会保障、统计等部门相关信息资源，以智慧云平台的方式强制开展数据高效采集与共享。鼓励行政机关带头使用专业机构提供的云服务，各部门现有的数据中心要逐步纳入到省级政府云计算数据中心，政府部门原则上不再单独审批新建、扩建部门数据中心，包括新建机房、服务器的更新、数据库的扩容等项目。积极探索面向社会的公共云建设机制，引导企事业单位逐步将相关应用向专业机构提供的云服务上迁移。公共云建设在用地、用电、税收、设备采购、折旧等方面享受非盈利机构的优惠政策，对省规划布局内的云计算等公共服务平台建设项目，同等条件下优先纳入省服务业重大项目计划。各级政府不再审批有关后端硬件预算，全部租用公共云计算数据中心提供的服务。智慧城市项目运营公司必须接入公共云数据资源中心，以实现数据资源的互通共享。推动组织体系和运行机制的创新，推进跨区域、跨部门、跨层级的信息共享和业务协同，鼓励跨区域项目建立全省性统一运营管理平台，统一技术标准，积极探索智慧物流、智慧高速、智慧交通、电动汽车动力服务网络系统等跨区域项目建设的新模式。

（6）健全信息资源开发利用

健全信息资源开发利用需要明确智慧城市试点项目数据信息的采集、维护和利用的方式方法。

具体的政策建议包括：依托云计算平台打造数据开放平台，建立政府和社会互动的大数据采集形成机制，通过政务数据公开共享，引导企业、行业协会、科研机构、公共组织等主动采集并开放数据，构建具有浙江特色的数据开放生态系统。鼓励社会力量利用教育、医疗、旅游、出行、购物、生活等各类信息资源，建立特定主题的基础数据库，提高便民、惠民、实用的新型信息服务。鼓励发展以信息知识加工和创新为主的数据挖掘、商业分析等新型服务，积极培育电子商务、工业设计、文化创意等现代服务业。

（7）建立数据资源共享交换机制

建立数据资源共享交换机制主要解决各试点项目数据信息的纵向、横向融合的机制体制等问题。

具体的政策建议包括：制定政务数据资源共享评价体系，积极推进政务网络间的数据共享与交换。公共性、协同性的业务系统和基础类、共享类的信息资源，必须采用"统一标准，共建共享共建共享，一数一源，职属管理，统一交换，授权使用"的模式建设实施。涉及跨地区、跨部门的应用项目，必须联合共建，财政资金优先资助共建项目，保证资源共享、互联互通，防止出现重复建设和信息孤岛。各地政府行政服务中心实行"统一平台、统一标准、数据共享、一门受理、电子监察"运行机制，为进一步推进网上审批、并联审批、效能监察、开放数据等改革提供载体。探索建立通信质量、网络速度和服务的第三方监测和信息发布机制，建立完善智慧城市数据中心等第三方专业服务机构。加强智慧城市建设项目的横向和纵向协作，将数据资源的共建共享共建共享、网络的互联互通等纳入政府考核体系，强化部门的责任意识和协调意识。

（8）深化智慧城市标准建设

深化智慧城市标准建设主要解决各试点项目需要统一标准、实现技术、使用等方面的嵌入问题。

具体的政策建议包括：以标准化建设促进信息资源共享。成立省级部门标准化联席会议，形成合力，统筹推进将智慧城市地方标准上升为国家标准。依托省智慧城市标准化技术委员会和各试点项目标准组，加强部省合作，积极开展智慧城市相关产业数据标准、接口标准、基础设施标准、安全标准等的研究，形成以试点项目应用示范带动标准研制和推广的机制。鼓励智慧城市项目运营企业制定智慧城市实施标准方案，建立标准化工程师、内审员、标准化专家认证制度，并设立标准化突出贡献奖，尤其是对自主创新标准的研制给予支持和奖励，对获得国家标准委认定并获得推广应用的标准给予 50 万～100 万元的奖励。将形成技术标准草案作为科研项目验收的重要指标之一，将标准研究和制定成果纳入科技成果奖励范围，鼓励采购标准指标领先的自主创新产品。将标准化工作纳入各级产业基地（园区）建设、项目立项评审、推优评优和目标责任考核等重要内容。

3. 培育发展智慧产业

（9）规划智慧产业布局

规划智慧产业布局主要解决当前浙江省智慧产业的整体布局尚不科学和完善等问题。

具体的政策建议包括：把培育智慧产业作为建设智慧城市的立足点，大力推动基于新一代信息技术的各类新兴智慧型产品和服务的研发制造和广泛应用，着力促进经济发展方式转变。依托国家和省级高新技术开发区、经济技术开发区，以"园中园"模式，建立智慧城市应用示范园区和产业园区，鼓励智慧企业向产业园区集中，在用地、用房、研发补助、立项审批等方面向基地和园区内智慧企业倾斜，打造一批智慧产业集群。青山湖科技园、未来科技城等新建产业园区和基地，要以发展智慧产业为重点。鼓励和支持智慧产业的产品研发、市场培育和企业发展，推动智慧产业链上下游协调发展。各地可根据本地区发展基础和现有产业布局,建立基于数据和知识的智慧型产业特色园区,实现优势互补、差异发展。重点培育几家具有较强信息安全实力的企业,培育一批提高行业解决方案和完整产品线的专业信息安全企业,为智慧城市项目提供信息安全支撑。重点选取金融证券、互联网、数字生活、公共设施、制造和电力等具有迫切需求的行业,开展大数据行业应用研发,探索"数据、平台、应用、终端"四位一体的新型商业模式,促进智慧城市产业发展。

（10）发展智慧软件产业

智慧软件产业是智慧城市产业培育的基础,发展智慧软件产业的政策主要通过加快智慧软件产业带动智慧产业的全面发展。

具体的政策建议包括:建立省智慧城市大型专用软件产业协调小组,组建省智慧城市大型专用软件产业技术联盟,积极推进智慧城市大型专用软件产业技术创新综合试点。鼓励支持建立智慧城市重点软件企业研究院,加快基于智慧城市专有云平台与系统的大型软件研发,省财政给予企业研究院建设经费补助,项目所在地市、县(市、区)政府予以相应配套,补助主要用于企业研究院高端人才引进与培养,以及研究开发所必需的仪器设备的购置。加大招商选资力度,吸引世界IT百强及国内大型软件公司、物联网研究中心、智慧城市研究所等机构落户浙江省设立研发中心。鼓励基础条件较好的各类开发区、县(市)区积极发展各类应用软件设计开发产业基地、创新基地、推广和服务基地。实施软件增值税优惠政策,增值税一般纳税人销售其自行开发生产的软件产品,按17％税率征收增值税后,对装备产品中的嵌入式软件,其增值税实际税负超过3％的部分实行即征即退政策。对符合条件的软件企业和集成电路设计企业从事软件开发与测试等业务,免征营业税。

（11）发展智慧装备制造产业

智慧装备制造产业是全面推进智慧城市试点项目建设的关键性产业,发展智慧装备制造产业的政策主要在于进一步落实政策,加快推进智慧装备制造产业的快速发展。

具体的政策建议包括:落实《关于推动现代装备制造业加快发展的若干意见》政策,积极推动智慧装备制造企业开展产业技术创新综合试点,省财政予以专项财政资金加以扶持。按年度公布《浙江制造重点装备目录》,深入开展装备制造业首台(套)产品认定,对首台(套)重大技术装备实行保险补偿,推动智慧装备制造企业拓展市场。对加工制造企业的信息化技术改造项目,经经信委协同相关职能部门核准,享受技术改造项目同等税收优惠政策。

（12）发展智慧信息服务业

智慧城市建设将催生智慧信息服务业等新兴产业的发展,发展智慧信息服务业的政策导向可提前设计，推动智慧信息服务业等新兴产业的发展。

具体的政策建议包括：推动政府数据开放，逐步向公众开放公共云的查询权限，引导和鼓励企事业单位将非核心的数据业务外包，推广使用大数据技术和标准，政府部门和公用事业单位优先采购在浙江省注册纳税的企业提供的大数据解决方案。引进和培育数据服务运营商，大力发展智慧产业中介服务机构，对智慧产业园区孵化器数据服务公司免房租、物业费等。引进和培育一批具有较强行业示范带动作用的智慧服务企业，对引进的国内外著名智慧企业总部、地区总部、采购中心、研发中心等，经认定对其购地建设、购买或租赁自用办公用房给予相应的地价、房价或租金补贴。对工业企业分离后新设立的网络技术、软件开发等信息服务企业，符合高新技术企业、软件企业或技术先进型服务企业的，及时组织认定并落实好各项税收优惠政策。对在省现代服务业集聚示范区内设立的鼓励发展的信息服务业企业，报经地税部门批准，1～3年内给予房产税和城镇土地使用税的减免优惠。

4. 以示范试点带动提升智慧城市应用与推广水平

（13）促进智慧城市需求与产业对接应用

当前，智慧产业发展和消费者智慧需求之间的对接机制还不够完善，产业发展落后于智慧城市建设的需要，促进需求与产业对接应用的政策将有利于解决这方面的问题。

具体的政策建议包括：一是成立智慧城市技术创新与应用推进中心，搭建包括产品展示、应用技术方案展示、科技成果展示、示范应用等内容的智慧城市应用与产业推广平台。省经信委负责搭建现场和网络对接平台，建设对接成果库，促进产业链上下游企业之间以及相关产业部门、金融机构与政企之间的对接。二是面向重点行业需求，采取试点首购和产业链联动应用，将电动汽车等智慧城市产品列入政府车辆采购范围，并明确在政府机关、邮政、出租车等单位的最低配置比例，推动核心技术产业化和应用试点示范。三是依托重点领域应用示范工程，对已经成型应用树立典型，组织示范推广。

（14）支持应用示范基地建设

智慧城市建设应用空间巨大，试点示范项目的应用领域还需要进一步拓展与推广，支持应用示范基地建设的政策措施可以为浙江省智慧城市建设的应用示范提供政策支持。

具体的政策建议包括：开展"智慧城市"的应用试点和认证，推动建设一批"智慧城市"体验中心、示范社区（村）、示范企业和示范园区，省级财政安排1.5元亿专项资金用于示范基地建设，地方政府按3∶1比例安排相应配套资金，引导企业在特定领域或方向上开展试点，支持国家重点行业、领域的改革创新和试验示范在智慧城市示范基地内先行先试。鼓励外地投标企业联合本地企业竞标,在重大工程中留出一定比例,鼓励本土智慧产业发展。

(15)进一步拓展应用开放领域

目前,浙江省智慧城市建设信息资源市场的应用开放度不够,进一步拓展应用开放领域的政策可以为信息资源市场的应用开放提供政策支持。

具体的政策建议包括:深入推进政务公开,积极开展政府部门数据开放试点,通过数据中心网站向社会开放包括企业信用、产品质量、食品安全、综合交通、公用设施和场所、环境质量等密切关系城市生产、生活的信息资源。进一步扩大无线城市示范试点工程,免费提供主要城市城域网网络资源服务。引导电信运营商、互联网信息服务和内容服务企业,通过技术创新和服务创新,向企业和社会公众提供云服务。

(16)加快培育信息资源市场

浙江省智慧城市项目建设过程中的信息资源市场不够成熟,需出台相关政策措施加快培育浙江省信息资源市场。

具体的政策建议包括:研究建立信息资源的产权制度,鼓励社会力量积极参与政府数据资源的开发利用,推动政府部门以非政务性服务外包、政府采购等方式从市场获取高质量、低成本的信息服务,引导企业、公众和其他组织开展公益性或商业性信息服务,促进第三方数据应用服务业的发展。探索"以租代建"模式,依托第三方专业数据中心,实现数据内容托管、数据服务租用的现代运营模式创新。大力发展移动互联网智能终端业务,鼓励智慧城市服务终端产品研发,更加注重信息服务价值的挖掘,以创新供给引导智慧城市信息消费。

5. 创新智慧城市建设运维商业模式

(17)探索智慧城市建设专业化运营模式

智慧城市建设的运营主体还存在着争论,需要进一步探索智慧城市建设专业化运营模式的政策措施,为明确智慧城市建设的运营主体提供政策引导。

具体的政策建议包括:建立完善"政府买服务、企业做运营"的投资运营机制,制定智慧城市投资导向目录,凡是社会能办好的,一律交由社会资本投资建设,改变单纯由政府投资建设的格局。建立服务外包机制,制定政府购买服务指导性目录,明确政府购买智慧城市服务的种类、性质和内容,鼓励社会资本设立专业运营公司或参股方式承接项目管理外包和系统运维外包,通过委托、承包、采购、租赁等方式购买政府服务。严格政府购买服务资金管理,全面公开政府购买服务信息,建立由购买主体、服务对象及第三方组成的评审机制,动态调整购买服务项目,提高智慧城市服务质量。对智慧消防等公益性智慧城市项目,探索组建政府主导型智慧城市专业投资运营公司。对能够市场化的智慧城市建设项目,积极探索服务外包、租赁等专业化运营模式，界定职责边界，平衡合作各方利益，实现多方共赢。对新成立的智慧城市项目专营公司，自运营盈利年度起前三年地方税收部分予以全额返还，第四、五年按80％予以返还。

（18）探索实施首席信息官（CIO）制度

信息资源的整合与应用管理主体不清晰，首席信息官（CIO）制度的建立可以加快推进智慧城市建设过程中信息资源的整合与应用。

具体的政策建议包括：鼓励和引导在政府部门和重点公共服务企业设立专职首席信息官（CIO），选择部分基础较好的街镇、园区及国有企业为试点，设立信息化专职管理部门，建立双重管理或集中派驻的政府首席信息官的运作机制，有效整合试点项目的信息资源。

（19）建立科学合理的公司化运营机制

目前，浙江省智慧城市试点项目的市场化程度不高，项目市场运作和盈利方式还需要探索，建立可盈利、可复制、可持续的公司化运营机制的政策可以推进智慧城市试点项目运营的市场化。

具体的政策建议包括：坚持财政支持、税收扶持、服务收费、门票提成相结合原则，鼓励社会资本设立第三方运营公司，公司开业一段时期内，财政予以适当的开办费、房租等补贴，对房产税、车船使用税等实行全额返还。鼓励国有企业与电子设备制造、系统集成、数据采集分析、电信运营商和数据服务等企业共同投资设立智慧城市运营公司，支持项目运营单位合理收取服务费，支持第三方运营公司实现可持续市场化运营。大力推广光电建筑一体化设计和应用，促进智能电网高质量发展。大力推进电池更换模式的电动汽车的应用，促进新能源汽车的推广应用。

6. 加大投融资及税费改革

（20）加大投资扶持

浙江省多数智慧城市试点项目的资金来源相对紧张，随着项目的推进，资金缺口也将更大。创新资金来源将是试点项目推进的重要工作，加大投资扶持可以为智慧城市试点项目的持续开展提供有力保障。

具体的政策建议包括：以行业协会、大型骨干企业和重点产业园区为重点加快推进行业云平台建设，对行业云建设给予适当财政补贴。财政技改资金优先支持企业利用云计算优化资源配置，降低运营成本，提升业务效率。对列入国家、省智慧城市建设重点项目获得的资金资助，市级、县级财政分别按不低于1：2的比例配套。优化战略性新兴产业、产学研、技术改造、现代服务业等财政专项资金的使用结构，根据项目实际情况切出一定比例专项用于智慧城市建设项目投资，每年从省财政战略性新兴产业专项资金中安排1亿元，用于支持智慧城市建设试点项目的顶层设计研究、实施方案编制、服务外包、项目建设、专家咨询、指导服务、宣传推动、绩效评估等。创新财政补贴方式,根据智慧城市项目的实际情况,以网络流量、行驶里程等为单位进行补贴,鼓励用户使用智慧城市设施和信息等服务。优化智慧城市建设项目财政补贴、单位配套和个人出资比例,鼓励引导城乡居民、企事业单位积极参与屋顶光伏发电、智慧电梯、智慧安居等智慧城市项目的投资建设。

（21）拓宽融资渠道

进一步拓宽融资渠道可以缓解浙江省多数智慧城市试点项目建设资金来源相对紧张的问题。

具体的政策建议包括:鼓励和引导在示范区内设立智慧城市孵化产业投资基金、智慧产业创业投资专项子基金、企业发展担保资金、投资发展风险补偿基金,建立和完善基金进入和退出机制,实现基金持续、滚动发展。积极吸引风险投资、私募基金,引导政策引导政策性银行和商业性金融机构投资向新一代信息技术应用和产业化倾斜,创新金融产品,积极开展融资租赁、经营性租赁等融资服务,拓宽光伏发电、电动汽车等智慧城市建设项目融资渠道。支持符合条件的智慧企业进行债券融资和上市融资,对成功融资和再融资的企业给予一次性资金奖励。

（22）促进税费改革

当前的税费政策不能完全适用智慧城市试点项目建设需要,促进税费改革可以为智慧城市试点项目的建设提供更加宽松合理的政策。

具体的政策建议包括:落实国家支持高新技术产业和战略性新兴产业发展的税收政策,研究制定支持企业信息化建设的税收政策,引导企业加强信息技术在研发设计、生产制造、经营管理、市场营销等环节的深化应用,支持智慧产业发展。对推进智慧产业自主创新,并取得显著成果的龙头企业给予适当收费优惠或减免。传统产业企业应用信息技术所产生的技术开发费用达到一定比例的,可以按照国家和省有关规定享受税收优惠政策。制定信息服务业的价格政策和合理收费标准,规范企业行为,运用价格杠杆促进智慧城市建设进程。对云计算平台和智慧服务业用电、用水、用气与一般工业同价政策。继续清理涉及服务业的行政事业性收费,加强收费监管,规范收费行为。

7. 构建智慧城市支撑保障体系

（23）加强技术创新

浙江省智慧城市试点项目建设还存在着较大的技术创新和拓展空间,需要进一步加强技术创新,寻求智慧技术创新的突破。

具体的政策建议包括:积极开展智慧产业技术创新综合试点,鼓励和支持产学研联盟研究开发智慧产业共性和关键技术,对提升电子商务、数字教育、协同医疗和社会保障等智慧产业领域原始创新能力和集成创新能力的重大项目，予以优先立项。对技术先进、优势明显、带动和支撑作用强的智慧城市建设重大技术攻关项目，及时纳入省重点项目规划和年度实施计划。鼓励和推动智慧城市项目整合产业链，成立智慧产业技术创新战略联盟，对符合条件的产业技术创新战略联盟，省科技厅优先认定为省级联盟，对符合高新技术企业认定条件的智慧产业企业进行优先认定。定期向社会公布具有自主知识产权的智慧技术和产品目录，政府投资运营的建设项目应优先采购具有自主知识产权的浙江本土生产的智慧技术和产品。

（24）加强研发机构建设

加强研发机构建设有利于建立高效的智慧技术创新平台，加快促进浙江省智慧城市试点项目建设技术创新活动的开展。

具体的政策建议包括：建立省级智慧城市创新研究机构，为智慧城市的长期规划和建设提供持续的技术支持，强化智慧城市顶层设计。在科技经费中设立智慧城市重大专项，支持智慧企业、研究机构等单位设立智慧城市研究院、研究中心和协同创新联盟，攻关核心技术，开展智慧城市规划设计和咨询服务。通过战略性主导产业发展资金重点支持智慧技术成果应用转化和园区载体建设。对参与投标智慧城市项目建设的网络运营商、龙头企业，必须设立相应的智慧城市研发中心。

（25）加强智慧城市建设人力资源保障

浙江省多个智慧城市试点项目建设缺乏相关专业人才，加强智慧城市建设人力资源保障可以为智慧城市试点项目人才的引进和培养提供政策支持。

具体的政策建议包括：充分发挥省智慧城市专家咨询委员会、省智慧城市促进会、省智慧城市标准化委员会、浙江大学、杭州电子科技大学智慧城市研究中心等机构的智力资源，加强智慧城市战略性、前瞻性和实务性研究。统筹落实省财政创建智慧城市人才培养引进的专项经费和职教经费，有效对接国家和省级"千人计划"、省"151人才工程"，积极引进高端信息化人才。探索实施职务科技成果股权激励机制，充分调动科技人才创新创业的积极性。建立智慧城市教育培训基地，组织开展多层次的智慧城市人才培训，将智慧城市建设理论和实践纳入干部培训体系。依托高等院校和培训机构，有计划地进行人才培养，新设云数据管理等新兴专业，重点培养"智慧城市"高级人才和复合型人才。允许省现代服务业集聚示范区的智慧企业经当地政府批准自建公租房性质的公寓，用于解决引进专业人才和具有一定技能的员工住房问题。

（26）统筹智慧产业用地用电

统筹智慧产业用地用电可以在用地、用电等方面为浙江省智慧城市试点项目建设创造更多的发展空间。

具体的政策建议包括：鼓励在高新技术园区规划建立智慧产业发展园区,智慧产业用地优先纳入建设规划年度实施计划和年度土地利用计划,智慧产业用房优先纳入创新型产业用房规划。对产业转型升级具有重要带动作用,但自身盈利水平还不高的智慧城市研发设计、数据开放应用等生产性服务业项目,实行与工业项目用地同等的供地方式。对符合省优先发展目录和集约用地条件的属于战略性新兴产业的智慧工业项目,允许按不低于所在地土地等级相对应工业用地出让最低标准的70%确定土地出让底价。在严格控制集聚区建筑总量的前提下,对列入重点推进的现代服务业集聚区建设的智慧城市项目,实行容积率整体平衡、局部调整的规划政策。数据中心符合大工业用电条件要求的可执行大工业用电电价。

(27) 加强知识产权管理和服务

智慧城市试点项目在推进过程中存在着许多知识产权认定、保护、购买等问题,需要进一步加强和明确智慧项目和产品在知识产权管理和服务方面的政策。

具体的政策建议包括：建设知识产权网络保护和服务平台,提供多层次、个性化的知识产权应用服务。鼓励和引导企业积极申请国内外专利与版权,加快推进软件产品的版权申请和认定。将自主知识产权的智慧城市项目的产品与服务列入政府采购目录,使用财政性资金采购时优先购买。涉及国家主权和经济安全的智慧城市建设的设备和软件,必须采用拥有自主知识产权的国产产品。

8. 塑造良好发展环境

(28) 加强智慧城市建设组织领导

智慧城市试点项目的管理主体界定不明,存在多头领导和分散监管的情况,加强智慧城市建设组织领导可以明确管理主体等问题。

具体的政策建议包括：在省信息化工作领导小组的框架内,成立省智慧城市建设试点工作推进协调小组,由分管副省长任组长,日常工作由省信息化工作领导小组办公室负责,下设项目组、专家组、标准组,组织协调和推进试点项目的实施工作。对每个示范试点项目,省级主管部门要加强业务指导,有条件的县市可根据项目的公益性成立管理中心,核定编制,明确职责,建立部门联席会议项目协同机制,加强跨区域项目的省际、市际、县际之间的合作交流,着力解决智慧城市建设试点工作的重大问题。项目试点单位要成立"一把手"负总责的领导机构和专人负责的工作办公室,组建项目组、专家组和标准组,明确试点项目的合作主体、投资建设与运营主体,按照致力于"一揽子"解决问题的要求,精心编制试点项目实施方案。省级主管部门要加强对各地智慧城市建设的指导和协调,坚持成熟一项建设一项,扎实推进智慧城市有序建设。成立省智慧城市促进会,调动社会各方的积极性，开展智慧城市交流、宣传、推广工作。

（29）加强规划引导和项目管理

浙江省智慧城市试点项目建设在省级层面的规划引导机制尚不健全，智慧项目的审批、立项、咨询等决策过程需要进一步明确，需要强化规划引导和项目管理。

具体的政策建议包括：超前谋划，省建设厅、省环保厅、省规划院等部门要将光纤入户端口、电网廊道资源、环保检测等具有公共特性的智慧城市基础设施纳入城市公共配套建设项目。建立智慧城市项目申报审批制度，根据各地项目申报情况，由省经信委会同省财政局制定省级智慧城市项目年度实施计划，凡未列入智慧城市建设规划和年度实施计划的项目，原则上不予立项。成立省智慧城市建设专家咨询委员会，负责政策、技术、业务和标准建设等方面的咨询和指导，为试点项目提供方案论证、技术指导、成果评价等方面的服务，建立省智慧城市重大项目库，实施年度省智慧城市重大项目计划，对列入省智慧城市重大项目计划的项目，建立省、市、县（市、区）三级联动推进机制。对项目立项和验收进行第三方独立评估，进一步提高科学性和公正性。对重大智慧城市产业项目实行"一事一议"，在用地、用房以及基础设施配套等方面给予特别扶持，促进智慧城市建设规划的落实。

（30）提高政府服务效率

当前，浙江省智慧城市试点项目在开展过程中存在着办事手续复杂，审批效率较低等问题，需要进一步提高政府服务效率，快速推进智慧城市试点项目的建设。

具体的政策建议包括：简化项目审批和核准程序，提高智慧城市项目土地征用政策处理效率。实施"非禁即入"的准入政策，各类智慧城市相关企业登记注册时，除依据法律、行政法规和国务院有关规定外，各部门一律不得设置前置性审批事项。新成立的智慧城市项目运营企业可获得工商管理绿色通道、虚拟注册、孵化器等政策服务。允许属于战略性新兴产业的智慧企业使用表明其服务内容和服务方式的各类新兴行业用语作为行业表述。属于战略性新兴产业的智慧企业组建集团的，母公司最低注册资本由5000万元放宽到1000万元，子公司数量由5个放宽到3个，母公司和子公司合并注册资本由1亿元放宽到3000万元。

（31）加强试点项目考核监督

目前，浙江省智慧城市试点项目的考核监督机制不完善，需要具体的政策措施加以监督，推动试点项目的高效实施。

具体的政策建议包括：委托第三方机构建立智慧城市建设试点评价指标体系，定期开展绩效评估，定期发布评估信息和白皮书，为决策和指导智慧城市建设提供科学依据。加大智慧城市建设考核力度,把责任目标考核作为各部门下年度预算依据,把发展水平测评结果作为制订中长期规划的依据,考核结果纳入年度党政领导干部考核体系。积极开展智慧城市建设试点"评优评先"工作,对智慧城市建设、应用、推广过程中表现出色的个人和单位进行表彰,充分调动建设实施单位的积极性主动性。纪检、监察等部门要加强对专项资金使用的督查,做好各项工作和政策措施贯彻落实的督查和问责工作。

参考文献

1. 毛光烈.智慧城市建设实务研究[M].北京：中信出版社，2013.

2. 仇保兴.中国智慧城市发展研究报告（2012～2013）[M].北京：中国建筑工业出版社，2013.

3. 王辉，吴越，章建强等．智慧城市（第 2 版）[M].北京：清华大学出版社，2012.

4. IBM 云计算中心，朱近之．智慧的云计算：物联网的平台[M].北京：电子工业出版社，2011.

5. 金江军.迈向智慧城市：中国城市转型发展之路[M].北京：电子工业出版社，2013.

6. 余红艺.智慧城市：愿景、规划与行动策略[M].北京：北京邮电大学出版社，2012.

7. 郑国，叶裕民.国内外数字化城市管理案例[M].北京：中国人民大学出版社，2009.

8. 毛光烈.加快建设智慧城市 全面提升经济社会发展水平[J].宁波经济，2010(10).

9. 毛光烈.建设智慧城市浙江继续走在前列的战略选择[J].今日浙江，2012(7).

10. 毛光烈.建设智慧浙江，应该这样推进[J].信息化建设，2013(3).

11. 毛光烈.致力于"一揽子"解决问题——谈谈智慧城市建设的商业、商务或服务模式创新[J].信息化建设，2012(4).

12. 毛光烈.智慧城市建设的管理与制度创新——从相关案例分析探究[J].信息化建设，2012(11).

13. 毛光烈.智慧城市需"标准化"建设[J].信息化建设，2012(10).

14. 毛光烈.中国智慧城市建设路径与方式[J].经济导刊，2012(Z2).

15. 辜胜阻，杨建武，刘江日.当前我国智慧城市建设中的问题与对策[J].中国软科学，2013(1).

16. 辜胜阻，王敏.智慧城市建设的理论思考与战略选择[J].中国人口·资源与环境，2012，22(5).

17. 叶裕民.中国城市管理创新的一种尝试[J].中国软科学，2008(10).

18. 仇保兴. 推行城市管理新模式[J]. 求是,2007(9).

19. 尤建新,陈强. 以公众满意为导向的城市管理模式研究[J]. 公共管理学报,2004(2).

20. 王战营. 城市增长管理信息系统在城市管理中的应用[J]. 财政研究,2013(5).

21. 《信息化建设》杂志记者. 创新城市发展模式有序推进智慧城市建设——访浙江省经济和信息化委员会副主任吴君青[J]. 信息化建设,2014(4).

22. 郭念东,夏勇,高学理. 浅议成都"世界现代田园城市"的信息化架构[J]. 中国信息界,2010(11).

23. 张永民. 如何建设智慧中国(上)[J]. 中国信息界,2012(3).

24. 张永民. 如何建设智慧中国(下)[J]. 中国信息界,2012(4).

25. 许晶华. 我国智慧城市建设的现状和类型比较研究[J]. 城市观察,2012(4).

26. 张陶新,杨英,喻理. 智慧城市的理论与实践研究[J]. 湖南工业大学学报(社会科学版),2012(1).

27. 王兆进,王凯,冯东雷. 智慧城市发展趋势及案例[J]. 软件产业与工程,2012(2).

28. 彭继东. 国内外智慧城市建设模式研究[D]. 吉林:吉林大学硕士论文,2012.

29. 李嘉华. 从欧洲智慧城市计划谈我国智慧城市建设之发展方向[J]. 产业动态,2012(2).

30. 史璐. 智慧城市的原理及其在我国城市发展中的功能和意义[J]. 中国科技论坛,2011(5).

31. 杨再高. 智慧城市发展策略研究[J]. 科技管理研究,2012(7).

32. 巫细波,杨再高. 智慧城市理念与未来城市发展[J]. 城市发展研究,2010,17(11).

33. 王根祥,李宁,王建会. 国内外智慧城市发展模式研究[J]. 软件产业与工程,2012(4).

34. 安德里亚·卡拉留,基娅拉·德·波,彼特·尼坎. 欧洲智慧城市[J]. 城市观察,2012(4).

35. 张向阳,袁泽沛. 广州智慧城市与智慧产业融合发展路径研究[J]. 科技进步与对策,2013(12).

36. 薛凯. 数字城市的实施策略与模式研究[D]. 天津:天津大学硕士论文,2011.

37. 逄金玉."智慧城"中国特大城市发展的必然选择[J].经济与管理研究,2011(12).

38. 王璐,吴宇迪,李云波.智慧城市建设路径对比分析[J].工程管理学报,2012(5).

39. 李丽琴.中国数字城市发展研究[D].重庆：重庆大学硕士论文,2007.

40. 袁文蔚,郑磊.中国智慧城市战略规划比较研究[J].电子商务,2012(4).

41. 徐赟."智慧城市"发展到了哪一步[J].通信企业管理,2013(5).

42. 郑立明.关于建设智慧城市的战略思考[J].现代管理科学,2011(8).

43. 张永民.解读智慧地球与智慧城市[J].中国信息界,2010(10).

44. 屠启宇.全球智慧城市发展动态及对中国的启示[J].南京社会科学,2013(1).

45. 邓贤峰,张晓海.中国"智慧城市"战略规划思路研究[J].中国信息化,2011(2).

46. 李德仁,龚健雅,邵振峰.从数字地球到智慧地球[J].武汉大学学报信息科学版,2010,35(2).

47. 张永民.解析智慧地球与智慧城市[J].中国信息界,2010(11).

48. 安筱鹏,李瑶.信息社会研究综述[J].情报杂志,2006(1).

49. 张永民.智慧城市总体方案[J].中国信息界,2011(3).

50. 陈桂香.国外"智慧城市"建设概览[J].中国安防,2011(10).

51. 陈柳钦.智慧城市：全球城市发展新热点[J].青岛科技大学学报(社会科学版),2011(4).

52. 中国通信学会.智慧城市白皮书[R].智慧城市论坛,2012.

53. 肖应旭.面向智慧城市的信息服务体系构建与运行模式研究[D].吉林：吉林大学硕士论文,2012.

54. 杨红艳."智慧城市"的建设策略：对全球优秀实践的分析与思考[J].电子政务,2012(1).

55. 秦洪花,李汉清,赵霞."智慧城市"的国内外发展现状[J].信息化建设,2010(9).

56. 王丽.青岛市建设"智慧城市"的思考[J].中国信息界,2011(6).

57. 徐春燕.智慧城市的建设模式及对"智慧武汉"建设的构想[D].武汉：华中师范大学硕士论文,2012.

58. 广州市政府.中共广州市委广州市人民政府关于加快"信息广州"建设的意见[N].广州日报,2009 - 05 - 13.

59. 许李彦,张沈伟.全球智能城市发展模式比较[R].中国三星经济研究院,2011.1.

60. IBM. 智慧城市白皮书[R]. http：//wenku. baidu. com/view/8cbe0d0dba1aa8114431d968. html. 2009.08.

61. 朱云,刘亚娟. 创新政府购买公共服务的重点及政策设计[R]. http：//www. my. gov. cn/bmwz/937323767074390016/20120712/649831. html. 2012.07.12.

62. 陈琪,等. 创建"智慧城市"之思考. http：//www. zjdx. gov. cn/1305/30427. htm. 2011-06-28.

63. 穆梓. 中国"智慧城市"建设新战略[R]. http：//www. echinagov. com/gov/zxzx/2010/12/31/122533. shtml. 2010-12-31.

64. 徐浩龙,何肇喜,张郁历. 亚洲新一代智慧型城市的发展策略与设计模式之初探研究[R]. AIRITI. 2010.

65. 王爱华. 基础设施、生活服务、技术创新智慧城市发展的三个着力点[R]. http：//www. cnii. com. cn/xxs/content/2011-03/25/content_857694. htm. 2011-03-25.

66. 李斯勤. 分享新加坡智慧城市建设经验. http：//wenku. baidu. com/view/494c2447be1e650e52ea9950. html. 2011-12-02.

67. 智慧化居住空间创新应用案例报道[R]. 智慧化居住空间专属网站. http：//www. ils. org. tw. 2012-10-30.

68. 国脉物联网. 我国五大智慧城市试点建设背景分析与趋势点评[R]. http：//www. im2m. com. cn/Item. aspx? id=53236. 2012-09-28.

69. 中国电子信息产业发展研究院. 国外"智慧城市"概念的提出及进展情况. http：//m. sarft. net/a/37351. aspx♯wechat_redirect. 2011-12-15.

70. Centre of Regional Science. Smart cities：Ranking of European medium-sized cities. http：//doc. mbalib. com/view/444fafd7d1b36c1118a4645b09166d0e. html. 2007.10.

71. 国家工信部,等. 关于数据中心建设布局的指导意见[R]. 北京：工业和信息化部网站,2013.

72. 国家发改委,工信部,等. 促进我国智慧城市健康有序发展的指导意见(征求意见)[R]. 北京：国家发改委. 2013.

73. 国家工信部. 物联网"十二五"发展规划[R]. 北京：国家工信部,2011.

74. 国务院. 国务院关于印发进一步鼓励软件产业和集成电路产业发展若干政策的通知[R]. 北京：国务院网站,2011.

75. 上海市政府. 上海市推进智慧城市建设2011—2013年行动计划[R]. 上海：上海市政府,2011.

76. 无锡市政府. 无锡智慧城市建设三年行动计划[R]. 无锡建设信息网,

2012－05－02.

77. 天津市经信委.天津市物联网产业发展"十二五"规划[R].天津：天津市经信委,2011.

78. 广东省政府.广东省国民经济和社会信息化"十一五"规划[R].广州：广东省政府,2006.

79. 广东省经信委.广东省信息化促进条例[R].广州：广东省政府,2012.

80. 北京市质监局.北京十二五时期标准化发展战略[R].北京：北京市质监局,2011.

81. 湖南省质监局.湖南标准化十二五发展规划[R].长沙：湖南省质监局,2011.

82. 广东省政府.关于加快发展物联网建设智慧广东的实施意见[R].广州：广东省政府,2010.

83. 北京市经信委.北京市"十二五"时期城市信息化及重大信息基础设施建设规划[R].北京：北京市经信委,2011.

84. 北京市政府.宽带北京行动计划(2013—2015年)[R].北京：北京市政府,2012.

85. 北京市海淀区发改委."十二五"时期海淀区智慧城市建设的目标及策略研究[R].北京：海淀区发改委,2012.

86. 广州市委、广州市政府.关于建设智慧广州的实施意见[R].广州：广州市政府,2012.

87. 南京市政府.南京市"十二五"智慧城市发展规划[R].南京,南京市政府,2012.

88. 海南市政府.海南省"信息智能岛"规划[N].海南日报,2010－06－21.

89. 上海市政府.关于上海加速发展现代服务业的若干政策意见[R].上海：上海市政府,2005.

90. 上海市政府.上海十二五信息化规划[R].上海：上海市政府,2012.

91. 北京市经信委.北京市经济和信息化委员会关于开展"智慧北京"需求与产业对接工作的通知[R].北京：北京市经信委,2012.

92. 常州市经信委.常州"智慧城市"发展规划[R].常州：常州市经信委,2012.

93. 北京市政府.智慧北京行动纲要[N].北京晚报,2012－03－16.

94. 福建省发改委.福建省"十二五"数字福建专项规划[R].福州：福建省发改委,2011.

95. 无锡市政府.无锡市物联网产业发展规划纲要[R].无锡：无锡市政

府,2010.

96. 佛山市信息产业局.智慧佛山规划纲要[R].佛山：佛山市信息产业局,2010.

97. 浙江省信息化推进服务中心.浙江省智慧城市大型专用软件产业技术创新综合试点方案[R].杭州：浙江省信息化推进服务中心,2013.

98. 浙江省政府.浙江省人民政府办公厅关于开展智慧城市建设试点工作的通知[R].杭州：浙江省政府,2011.

99. 浙江省政府.浙江省人民政府关于务实推进智慧城市建设示范试点工作的指导意见[R].杭州：浙江省政府,2011.

100. 上海市科学技术委员会.推进大数据研究与发展三年行动计划(2013—2015年)[R].上海：上海市科学技术委员会.2013.

101. 上海市经信委.关于加快推进本市智慧园区建设的指导意见[R].上海：上海市经信委,2013.

102. 深圳市政府.智慧深圳规划纲要[R].深圳：深圳市政府,2012.

103. 重庆市政府.关于印发重庆市大数据行动计划的通知[R].重庆：重庆市政府,2013.

104. 浙江省政府.浙江省人民政府关于推动现代装备制造业加快发展的若干意见[R].杭州：浙江省政府,2013.

105. 浙江省政府.浙江省信息化建设规划纲要(1998—2010年)[R].杭州：浙江省政府,1998.

106. 浙江省政府.浙江省人民政府关于进一步加快发展服务业的若干政策意见[R].杭州：浙江省政府,2011.

107. 浙江省政府.浙江舟山群岛新区建设三年行动计划[R].杭州：浙江省政府,2013.

108. 杭州市经信委."智慧杭州"建设总体规划(2012—2015)[R].杭州：杭州市经信委,2012.

109. 宁波市经信委.宁波市加快创建智慧城市行动纲要(2011—2015)[R].宁波：宁波市经信委,2012.

110. 宁波市经信委.2012年宁波市加快创建智慧城市行动计划[R].宁波：宁波市经信委,2012.

111. 温州市政府.温州市智慧城市创建实施方案[R].温州：温州市政府,2013.

112. 嘉兴市经信委.嘉兴市"智慧城市"发展规划(2011—2015年)[R].嘉兴：嘉兴市经信委,2012.

113. 上海市浦东区政府.智慧浦东建设纲要[R].上海：浦东区政府,2011.

114. 舟山市经信委.智慧舟山建设纲要[R].杭州：浙江省经信委,2012.

115. 深圳市政府.深圳推进物联网产业发展行动计划（2011—2013 年）[N].深圳晚报网,2011－09－06.

116. 广州市委,市政府.中共广州市委广州市人民政府关于建设智慧广州的实施意见[R].广州：广州市委市政府,2012.

117. 国家财政部,等.关于鼓励政府和企业发包促进我国服务外包产业发展的指导意见[R].北京：财政部,2009.

118. 国务院办公厅.国务院办公厅关于促进服务外包产业发展问题的复函[R].北京：国务院办公厅,2009.

119. 深圳市贸易工业局、财政局.深圳市服务外包公共平台发展专项资金管理暂行办法[R].深圳：深圳市贸易工业局、财政局,2009.

120. 上海市经信委.上海推进物联网产业发展行动方案[R].上海：上海市经信委,2010.

121. 上海政协.关于推进上海智慧城市建设的三点建议[R].上海：上海市政协,2011.

122. 南京市政府.南京市政务信息资源共享管理办法[R].南京：江苏省信息中心,2011.

123. 上海市政府.上海市标准化发展战略纲要[R].上海：上海市政府,2007.

124. 北京市财政局、北京市质量技术监督局.北京市技术标准制（修）订专项补助资金管理办法[R].北京：北京市财政局,质监局,2006.

125. 上海市政府.上海市促进高新技术成果转化的若干规定[R].上海：上海市政府,1998.

126. 上海市政府.关于本市鼓励软件产业和集成电路产业发展的若干政策规定[R].上海：上海市政府,2000.

127. 浙江省政府.浙江省人民政府办公厅印发关于加快培育发展战略性新兴产业重点工作分工方案[R].杭州：浙江省政府,2012.

128. 扬州市政府."智慧城市"建设行动计划[R].扬州：扬州市政府,2011.

129. 郑州市政府.郑州市十二五数字城市建设发展规划[R].郑州：郑州市政府,2011.

130. 汕尾市政府.关于印发汕尾市"智慧城市"建设实施方案的通知[R].汕尾：汕尾市政府,2011.

131. 住建部.国家智慧城市（区、镇）试点指标体系（试行）[R].北京：住建部,2012.

132. 住建部. 国家智慧城市试点暂行管理办法[R]. 北京:住建部,2012.

133. 攀枝花市政府. 攀枝花市智慧城市总体规划[R]. 攀枝花:攀枝花政府,2013.

134. 平湖市政府. 平湖市"智慧城市"发展规划(2012—2016 年)[R]. 平湖:平湖市政府,2013.

135. 厦门市政府."十二五"信息化发展专项规划(智慧厦门 2015 行动纲要)[R]. 厦门:厦门市政府,2011.

136. 江苏省政府. 无锡国家传感网创新示范区建设三年(2013—2015 年)行动计划[R]. 南京:江苏省政府,2013.

137. 云浮市政府. 云浮市智慧城市建设规划(2011—2015 年)[R]. 云浮:云浮市政府,2012.

138. 苏州市政府."智慧苏州"规划[R]. 苏州:苏州市政府,2011.

139. 泉州市政府."十二五""智能泉州"建设专项规划[R]. 泉州:泉州市政府,2011.

140. 青岛市信息化工作领导小组. 青岛市物联网应用和产业发展行动方案[R]. http://news. rfidworld. com. cn/2011_01/06d2fdf858336d4f. html. 2011. 01. 14.

141. 山东省人大. 山东省信息化促进条例[R]. http://www. moa. gov. cn/zwllm/zcfg/dffg/200811/t20081127_1180460. htm. 2008 - 09 - 05.

142. 山东省政府. 山东省物联网产业发展规划纲要(2011—2015)[R]. http://www. zbeic. gov. cn/art/2011/7/29/art_2328_134923. html. 2011 - 03 - 15.

143. 成都. 智能成都规划纲要(讨论稿)[R]. http://www. doc88. com/p-997239436541. html. 2012 - 11 - 14.

144. 慈溪市发改委. 慈溪市智慧城市建设"十二五"规划[R]. http://kjj. cixi. gov. cn/art/2011/3/24/art_10718_805270. html. 2011 - 07 - 04.

145. 中共宁波市委宁波市人民政府. 关于建设智慧城市的决定[R]. http://news. cnnb. com. cn/system/2010/09/20/006684386. shtml. 2010 - 09 - 17.

146. 上海市北工业园区. 上海市北工业园区服务外包财税优惠政策[R]. http://www. zhaoshang-sh. com/zhuanti/ParkPolicies/2009/2 - 9/092915405164B91AKC223408IJE81I. html. 2007 - 12 - 10.

147. 浙江省经济和信息化委员会. 2012 年浙江省物联网产业年度实施计划[R]. http://govinfo. nlc. gov. cn/zjsfz/xxgk/zjsjjhxxhwyh_13218/201204/t20120428_1426993. html. 2012 - 04 - 26.

148．浙江省政府．浙江省人民政府关于印发浙江省物联网产业发展规划的通知．http：//jsjm. gov. cn/info/info_6170. html. 2010 - 12 - 23.

149．江苏省政府．江苏省物联网产业发展规划纲要［R］．http：//www. cnii. com. cn/wlw/content/2011 - 10/12/content_923663. htm. 2011 - 10 - 09.

150．公安部．国家网络与信息安全事件应急预案［R］．http：//wenku. baidu. com/view/90c465e6524de518964b7d27. html. 2011 - 11 - 18.

索　引

图书在版编目（CIP）数据

智慧城市建设：主导模式、支撑产业和推进政策/陈畴
镛，周青编著. —杭州：浙江大学出版社，2014.1（2016.5
重印）

ISBN 978-7-308-12875-9

Ⅰ.①智… Ⅱ.①陈… ②周… Ⅲ.①城市经济—经济
建设—研究—浙江省 Ⅳ.①F299.275.5

中国版本图书馆 CIP 数据核字（2014）第 019711 号

智慧城市建设：主导模式、支撑产业和推进政策

陈畴镛　周　青　编著

责任编辑	傅百荣
封面设计	杭州林智广告有限公司
出版发行	浙江大学出版社
	（杭州市天目山路 148 号　邮政编码 310007）
	（网址：http://www.zjupress.com）
排　　版	杭州林智广告有限公司
印　　刷	浙江省良渚印刷厂
开　　本	710mm×1000mm　1/16
印　　张	10.75
字　　数	205 千
版 印 次	2014 年 1 月第 1 版　2016 年 5 月第 3 次印刷
书　　号	ISBN 978-7-308-12875-9
定　　价	33.00 元